불멸의 탐정

# 셜록 홈즈

# 차례
## Contents

# 프롤로그

 

 

셜록 홈즈(Sherlock Holmes)는 인류 역사상 가장 많은 존경과 사랑을 받아온 탐정이다. 구부러진 해포석 담배 파이프를 물고 사슴사냥 모자를 쓴 남자를 보면 어린이들도 셜록 홈즈임을 알아보고 환호한다. 작가 코난 도일(Arthur Conan Doyle)이 창조한 세계 최초의 자문 탐정 셜록 홈즈는 그야말로 명탐정의 대명사인 셈이다.

1887년 『주홍색 연구(A Study in Scarlet)』라는 작품에 처음 등장한 이후 홈즈에 대한 열기는 지금도 식을 줄을 모른다. 홈즈가 출연하는 영화와 연극, TV 드라마는 해가 갈수록 더 많이 제작되고 있다. 희미한 가스등 아래 안개 낀 빅토리아 거리를 달리는 홈즈는 탄생 후 백 살이 넘었지만 점점 더 젊어지고 있다 해도 과언이 아니다. 일부 추리 마니아를 기반으로 한 셜로키언(Sherlockian, 셜록 홈즈의 팬)의 열정은 오늘날 더욱 더 대중으로 확산되고 있으며, 수많은 소설 속의 주인공들과 달리 셜록 홈즈는 살아 있는 이웃처럼 느껴지는 정도다. 시대와 인종을 넘어서서 독자들을 매료시키고 있는 셜록 홈즈의 매력은 무엇일까?

천의 얼굴을 가진 홈즈는 파트너인 왓슨(John H. Watson)도 속을 정도로 변장에 능하다. 천재적인 추리력은 물론 영장 대신 권총을 휘두르며 악당에게 맞서는 대담함도 돋보인다. 하지만 늘 그를 따르는 것이 또 있다. 짙게 드리워진 우울함과 고독의 그림자다. 독자들이 홈즈의 이러한 인간적인 면모에 더욱 연민과 매력을 느끼는 것은 아닐까? 홈즈는 자신 안의 어두움을 이겨내기 위해 광적으로 사건 해결에 매달린다. 하숙집 벽에 권총을 쏘아대거나 상습적으로 코카인을 사용하기도 한다. 그런데 놀랍게도 작가 코난 도일의 생애를 살펴보는 과정에서 홈즈의 이러한 그림자가 바로 작가 내면의 투영이었음을 발견하게 된다.

# 코난 도일, 그리고 셜록 홈즈의 탄생

## 상처 받은 영혼

셜록 홈즈의 작가 코난 도일은 1859년 5월 22일 스코틀랜드 에든버러에서 태어났다. 화가였던 찰스 도일과 메리 폴리 부부 사이에서 7남매 중 장남으로 태어난 코난 도일은 알코올 중독과 정신질환을 가진 아버지 때문에 반항과 고독의 성장기를 보낸다. 하지만 다행히도 하숙을 치는 어머니의 헌신적인 사랑과 친척의 도움으로 열 살 때부터 예수회 계통의 기숙학교인 호더(Hodder) 학교에서 공부하게 된다. 아버지로부터 떨어져 나쁜 영향을 받지 않게 하려는 어머니의 배려였다.

2년 간 호더 예비학교에서 공부한 뒤 스토니허스트(Stonyhurst) 학교에 들어간 코난 도일은 교사들 사이에서 반항아로 인식되었다. 단정하지 못한 태도와 흡연, 반복적인 규칙 위반, 체벌에 대한 공공연한 반항으로 자신이 고집불통임을 증명했다.

이 시절 코난 도일에게 어두운 그림자를 드리울 한 남자가 등장한다. 코난 도일 가정의 은밀한 후원자 브라이언 찰스 월러다. 1966년 코난 도일의 아들 에이드리언 코난 도일은 베어링 굴드(William S. Baring-Gould)에게 보낸 편지에서 자기 가족에 대한 월러의 영향은 상당한 것이었다고 밝히고 있다. 전기 작가 오웬 더들리 에드워즈는『셜록 홈즈의 탐색(The Quest for Sherlock Holmes: A Biographical Study of Arthur Conan Doyle)』이라는 책에서 다음과 같은 사실을 알려준다.

브라이언 찰스 월러는 에든버러 의과대학생 시절 코난 도일의 집에 들어왔다. 그때 알코올 중독자인 남편을 대신해 생계를 책임진 코난 도일의 어머니는 '아가일 파크'를 임대해 하숙을 치고 있었다. 하숙생 월러는 의대를 졸업한 뒤에도 코난 도일의 집을 떠나지 않았으며 지속적으로 하숙집의 임대료를 내주기까지 했다. 당시 정부 기록에 1876년부터 1881년까지 하숙인 월러가 하숙집 전체의 임대료 지급인으로 남아있었는데 이는 매우 아이러니컬한 일이었다.

1882년 월러는 하숙집을 나가면서 코난 도일의 어머니 메리 도일과 막내 여동생 도도, 그리고 다른 누이동생 한 명을 자신의 사유지 별장으로 이사시킨다. 그 후 코난 도일의 어머니는 월러의 지원을 받으며 그의 별장에서 무상으로 거주한다. 월러는 그로부터 14년 뒤인 1896년에야 마흔셋의 나이로 에이다라는 여성과 결혼하지만 자녀를 갖지 않았다. 전 하숙집 여주인과의 교분을 싫어한 월러 아내의 반대에도 불구하고 메리 도일은 1917년까지 자신의 별장에 거주했다. 이와 같은 메리 도일과 월러의 관계를 이상하게 여긴 것은 월러의 부인뿐만이 아니었다. 코난 도일의 막내 여동생 도도가 월러의 아이라는 이야기도 돌았다고 한다. 15살 나이차를 고려하면 두 사람 사이에 있을 것 같지 않은 일이었으나 가족들에게는 당혹스런 이야기였을 것이다. 하지만 월러의 도움 없이는 온 가족이 빈민 구호소 신세를 질 수도 있는 절박한 상황이었다. 이러한 상황에서 코난 도일은 울분을 삼키며 월러를 가족 구성원으로 묵인해야만 했을 것이다. 이 때문인지 코난 도일은 자신의 가족에게 무제한적인 지원을 해준 월러를 자신의 자서전에서 한 번도 언급한 적이 없다.[1]

　　내가 보기에 이 시절 월러에 대한 코난 도일의 엇갈린 감정과 상처는 자신의 작품 속 다음과 같은 여성비하적인 대사에 녹아들어 있다.

"왓슨, 자네도 내가 그다지 여성을 존경하는 사람이 아니라는
것을 알거야……. 이러니 내가 어떻게 여자를 믿고 결혼할 수
있단 말인가?"

— 『공포의 계곡(The Valley of Fear)』[2]

"여자란 동물은 절대로 전적으로 믿어서는 안 되는 존재야. 제
아무리 훌륭한 여자라 해도 마찬가지지."

— 『네 사람의 서명(The Sign of Four)』

## 셜록 홈즈의 근원

내면의 상처에도 불구하고 건장한 체격을 가진 코난 도일은
만능 스포츠맨으로 급우들의 인기를 독차지했다. 스포츠와 함
께 그가 엄격한 사립중학교 생활을 이겨낼 수 있었던 또 하나
의 원동력은 독서였다. 이 시절 그를 매료시킨 작가는 근대추
리소설을 확립한 에드거 앨런 포(Edgar Allan Poe)와 에밀 가브
리오(Emile Gaboriau)였다. 코난 도일은 자신의 자서전 『회상과
모험(Memories And Adventures)』에서 다음과 같이 회고한다.

"프랑스 작가인 에밀 가보리오는 깔끔하고 치밀한 플롯으로
나를 사로잡았고 에드가 앨런 포가 만들어낸 오만한 뒤팽은 소

년 시절부터 나의 영웅이었다."

코난 도일의 영웅이었던 에드가 앨런 포의 작품은 훗날 코난 도일의 작품에 직접적인 영향을 주게 된다. 포가 창조한 탐정 오귀스트 뒤팽(Auguste Dupin)과 셜록 홈즈 사이의 뚜렷한 유사성을 한번 살펴보자.

1841년 발표된 에드가 앨런 포의 〈모르그 가의 살인(The Murders in the Rue Morgue)〉에서는 침팬지가 밀실 살인 사건을 저지르고, 코난 도일의 『네 명의 서명』에서는 밀실 살인 사건에 피그미가 이용된다.

1843년 발표된 포의 〈황금벌레(The Gold Bug)〉에서는 가장 많이 사용된 알파벳 'E'를 단서로 암호를 풀어나가고, 코난 도일의 〈춤추는 사람들(The Adventure of the Dancing Men)〉에서는 같은 방식으로 춤추는 사람의 암호를 해결한다.

두 작가의 탐정 소설은 서술 방식마저 똑같다. 두 작품 모두 주인공 오귀스트 뒤팽과 홈즈의 친구들이 이야기를 전달하는 일인칭 관찰자 형식을 취하고 있다. 뒤팽과 홈즈 모두 뛰어난 추리력을 가진 괴짜 탐정이고 독신의 은둔자들이다. 둘 다 일정한 수입이 있어서 지루한 일상 노동에 얽매이지 않아도 된다. 이 많은 유사성들로 미루어보아 뒤팽은 셜록 홈즈의 모태가 되었다고 할 수 있다.[3]

한편 코난 도일은 에밀 가 브리오의 추리소설에서는 과 학적 수사 기법을 가져온다. 가브리오가 창조한 르콕이라 는 주인공은 범죄자에서 경찰 대장으로 변신한 실제 인물로 서 과학적이고 분석적인 수사 로 유명하다. 이렇게 볼 때 코 난 도일이 학창 시절 탐독했 던 추리소설들은 셜록 홈즈를 탄생시킨 배경이 된 것이 분 명하다.

코난 도일

스토니허스트를 졸업한 뒤 오스트리아에 있는 예수회학교 에서 1년간 독일어를 공부한 코난 도일은 에딘버러 의대에 입 학한다. 이곳에서 도일은 셜록 홈즈의 모델이 된 실존 인물을 만나게 되는데, 바로 외과 의사이자 교수인 조셉 벨(Joseph Bell) 이다. 코난 도일은 조셉 벨 교수의 외래 환자 접수원 일을 하 면서 교수의 진단법을 많이 배울 수 있었다. 코난 도일은 조셉 벨 교수를 회상하며 "그는 아주 뛰어난 의사였지만 그의 강점 은 진료뿐만 아니라 직업과 성격에 대한 진단이었다."고 말한 다.[4] 코난 도일은 자서전에서 조셉 벨 교수의 외모를 "마르고

강단 있는 체격, 코가 높고 날카로운 얼굴에 꿰뚫는 듯한 날카로운 눈"을 가졌다고 묘사한다. 놀랍게도 이는 셜록 홈즈의 외모 묘사와 매우 유사하다.

다음은 코난 도일이 조셉 벨 교수의 뛰어난 관찰력을 보여주기 위해 자서전에 소개한 기록이다.

그가 아주 탁월하게 진찰했던 경우인데, 한번은 그가 한 민간인 환자에게 말했다.

"선생님은 군대에 복무했었군요?"

"맞습니다. 선생님."

"제대한지 얼마 되지 않았군요?"

"그렇습니다. 선생님."

"스코틀랜드 연대였나요?"

"맞습니다. 선생님."

"하사관이었고요?"

"네. 선생님."

"바베이도스에 주둔했었군요?"

"그렇습니다. 선생님."

그리고 그는 학생들에게 내용을 설명해주었다.

"제군들도 보다시피 이 환자는 예의가 바른 사람인데도 불구하고 모자를 벗지 않았다. 군대에서는 좀처럼 모자를 벗지 않는다. 이 환자도 제대한 지 오래되었다면 민간인 예절을 익혔을 것이다. 이 환자는 체면을 중시하는 것을 보아 스코틀랜드 사람이 분명하다. 바베이도스라고 추리한 것은 이 환자가 걸린 병이 상피병이기 때문이다. 그 병은 영국이 아니라 서인도에서 걸리는 것이다."[5]

또 다른 예에서는 한 여성 환자에 대해 정확한 추리를 한다. 여성의 억양을 통해 그녀가 서인도 제도 남쪽에 있는 파이프 출신임을 알아내고, 신발에 묻은 진흙의 색과 점도를 통해 여성이 온 특정한 길을 알아맞힌다. 그리고 오른손에 생긴 피부염을 보고 그녀가 오른손잡이이며 리놀륨 공장에서 일하는 여성임을 알아낸다.

이 두 사례는 모두 사소한 사실에 대한 관찰을 바탕으로 한 귀납적 추리다. 코난 도일은 자신의 자서전에서 조셉 벨 교수의 이러한 추리방법을 연구하고 발전시켜 과학적인 탐정을 탄생시켰음을 밝히고 있다.

## 셜록 홈즈의 탄생

코난 도일은 대학 시절부터 만능 스포츠맨으로 활약했다. 그는 럭비, 크리켓, 스키, 권투, 오토바이, 열기구까지 모든 스포츠를 즐겼다. 하지만 1년 공부를 반년 만에 끝내고 어려운 집안을 돕기 위해 나머지 시간에 돈을 벌었다. 포경선 승무원, 작가, 의대 조수 등으로 악착같이 일하며 공부하던 코난 도일은 5년 만에 의과대학을 졸업했다. 의대를 갓 졸업한 후에는 선의가 되어 배를 타고 아프리카에 가다가 선상 화재가 나기도 하고 열병에 걸려 죽음의 문턱을 넘나들었다. 이처럼 포경선을 타고 북극해까지 다녀온 경험과 아프리카 항해, 만능스포츠맨으로서의 삶이 그의 작품을 더욱더 풍부하게 만들어주었다. 하지만 의대를 졸업한 코난 도일을 기다린 것은 혹독한 개원가의 현실이었다. 24시간 중노동을 하는 것에 비해 당시 의사들의 수입은 보잘 것 없었다. 품위 유지를 위해 멋진 마차를 타거나 지역 사회에 기부금까지 내고 나면 얼마 안 되는 수입은 금세 바닥나곤 했다. 19세기 후반 영국 의사들의 반 이상이 수지 타산을 맞추기도 어려웠다고 한다.[6]

코난 도일도 예외가 아니었다. 1882년 23살의 코난 도일은 사기꾼 의사 버드와 동업을 하다 6주 만에 결별한다. 그 후 포츠머스에서 가까스로 연 작은 병원은 유지도 힘들었다. 개원 6개월간 6kg의 살이 빠질 정도였다. 부족한 수입을 보충하기 위해 도일은 이 시기에 열정적으로 글을 쓴다.

그러던 중 사망한 장기 입원 환자의 누이, 루이즈 호킨스(Louis Hawkins)를 위로하다 그녀와 사랑에 빠진다. 1884년 8월

6일, 루이즈와 결혼한 코난 도일은 안정을 찾고 저술 활동도 활발히 한다. 역사소설, 의학저널, 모험물 등 장르를 드나들며 많은 작품들을 써내려간다.

그리고 1886년 3월 8일, 마침내 셜록 홈즈가 탄생한다. 3주 간의 작업 끝에 코난 도일은 『주홍색 연구』라는 장편소설을 완성하는데 이 소설이 셜록 홈즈가 등장하는 최초의 소설이 다. 이 작품은 세 군데 출판사에서 거절된 뒤, 1887년 11월에 야 「비턴 크리스마스 연감(Beeton's Christmas Annual)」이라는 잡 지에 발표된다. 이듬해인 1888년, 셜록 홈즈가 등장하는 첫 작 품인 『주홍색 연구』가 단행본으로 출간되는데 그 해는 런던 희대의 살인마 잭 더 리퍼가 살인을 시작하는 해였다. 1889년 두 번째로 셜록 홈즈가 등장하는 장편소설 『네 사람의 서명』 과 역사소설 『마이카 클라크(Micah Clarke)』가 발표되면서 상업 적인 성공을 거두기 시작한다. 2년 후인 1891년 1월 5일, 코난 도일은 병원을 정리하고 안과전문의 자격을 따기 위해 빈으로 떠난다.

하지만 코난 도일은 2개월 만에 학업을 포기하고 1891년 4월 6일 런던에 안과병원을 차린다. 안과의사 자격증이나 수 련 경력도 없이 무모하게 차린 안과병원이었다. 코난 도일을 안과의사로 잘못 소개하는 글이 많지만, 의사 자격 측면에서 엄밀히 보면 그는 일반의였다. 자연히 그의 병원을 찾는 사람은 거의 없었다. 코난 도일은 오지 않는 환자들을 기다리며 안과병원에서 셜록 홈즈 시리즈를 써내려갔다. 의사로서의 실패가 세계적인 명탐정의 성공으로 이어지는 순간이었다. 하지만 안과 개원 후 아무 수입이 없던 그는 마침내 의사직을 포기하고 런던 교외로 이사한다.

그가 의사직을 포기한 다음 달인 1891년 7월, 대중월간지 「스트랜드 매거진(The Strand Magazine)」에 〈보헤미아 왕국 스캔들(A Scandal in Bohemia)〉을 발표하면서 코난 도일의 인생은 달라진다. 하루아침에 유명작가가 된 것이다. 당시 흔했던 '왕실 스캔들'이라는 소재를 작품 속에서 다루었는데, 이것이 대중들의 입맛에 딱 맞았던 것이다. 독자들은 소설 속 주인공을 실존 인물로 여기고 실제 주인공을 추정하느라 분주했다. 셜록 홈즈 시리즈의 다음 편을 기다리는 사람들이 잡지 가판대 앞에 줄을 섰다. 이렇게 일 년간 발표된 셜록 홈즈 단편들로 인해 코난 도일은 영국 여왕만큼 유명한 인물이 되었다.

「스트랜드 매거진(1899)」에 연재된 홈즈 시리즈

15

## 홈즈의 죽음 그리고 부활

하지만 코난 도일은 갓 태어난 셜록 홈즈를 죽일 생각을 하기 시작한다. 〈보헤미아 왕국 스캔들〉이 발표된 해인 1891년 11월, 어머니에게 보낸 편지에서 코난 도일은 셜록 홈즈를 죽일 의도를 밝힌다.[7] 홈즈를 죽이면 더 중요한 일들을 할 수 있을 것이라는 이유에서였다. 하지만 셜록 홈즈의 열렬한 애독자였던 어머니는 이에 극구 반대한다.

사실 셜록 홈즈는 코난 도일의 진지한 관심사가 아니었다. 그의 문학적 목표는 역사소설에 있었다. 셜록 홈즈를 쓰는 동안에도 그는 꾸준히 역사소설을 썼다. 아이러니하게도 신문의 범죄기사를 유심히 읽던 그가 용돈벌이를 위해 대중잡지에 실은 글이 셜록 홈즈였다. 셜록 홈즈 시리즈를 자세히 살펴볼 때 나타나는 다음과 같은 부주의한 오류들이 이를 뒷받침해준다.

〈보헤미아 왕국 스캔들〉에서는 셜록 홈즈가 묵는 하숙집 여주인의 이름이 허드슨 부인에서 터너 부인으로 바뀐다. 아마 진료 중 글을 쓰던 코난 도일이 허드슨 부인과 환자의 이름을 혼동한 듯하다.

『주홍색 연구』에서는 왓슨이 아프가니스탄에서 어깨에 총상을 당한 것으로 나오지만, 다음 작품인 『네 사람의 서명』에서는 다리에 총상을 당한 것으로 바뀐다.

〈입술이 삐뚤어진 남자(The Man with the Twisted Lips)〉에서는 왓슨의 부인이 남편을 '존'이 아닌 '제임스'로 부른다. 부인이 남편의 이름을 모를 리 없을 텐데 말이다.

런던 경찰국 레스트레이드(Lestrade) 경감이 〈소포 상자(The Adventure of the Cardboard Box)〉에서는 '강인하고 민첩하고 족제비 같은 인상'의 사나이로 그려지나 『바스커빌 가의 개(The Hound of the Baskervilles)』에서는 한쪽 다리를 심하게 절며 체구가 작고 불도그처럼 단단한 남자로 바뀐다.

〈프라이어리 스쿨(The Adventure of the Priory School)〉에서 홈즈는 황무지에 난 자전거 바퀴 자국을 보고 자전거의 방향을 알아낸다. 독자들의 지적을 받고 코난 도일이 직접 실험을 해본 결과 불가능한 추리임이 밝혀졌다.

『주홍색 연구』에서 셜록 홈즈는 범인이 남미의 화살독인 쿠라레를 먹고 죽었다고 추리한다. 하지만 쿠라레는 입으로 섭취하는 것이 아니라 혈관에 주입해야 치명적이라는 의학적 상식에 위배된다.

코난 도일은 자신이 진지한 역사소설가가 아니라 대중소설가로 굳어지는 것이 두려웠는지 모른다. 하지만 코난 도일이 셜록 홈즈를 죽이려 한 것은 셜록 홈즈 스토리가 단지 가벼운 대중소설이기 때문만은 아니다. 추리소설을 창작하는 고통에 대해 코난 도일은 자서전에서 다음과 같이 말했다.

"셜록 홈즈를 창작하는 데 있어 어려운 점은 스토리 한 편 한 편에 장편소설처럼 명료하면서도 독창적인 줄거리가 필요하다는 것이다. 웬만한 노력으로는 이런 속도로 이야기를 완성하기 힘들며 잘못하면 내용이 어설퍼지거나 작품을 망칠 수도 있다."[8]

　셜록 홈즈 집필에 지친 코난 도일은 1893년 스위스 마이링겐에 있는 라이헨바흐 폭포를 방문한다. 그리고 그해 12월, 셜록 홈즈의 죽음이 발표된다. 「스트랜드 매거진」 12월호에 〈마지막 사건(The Adventure of the Final Problem)〉이 발표된 것이다. 이 작품에서 셜록 홈즈는 악당 모리아티 교수와 결투를 벌이다 라이헨바흐 폭포 아래로 떨어져 죽게 된다.

　셜록 홈즈의 죽음이 발표되자 독자들의 반응은 대단했다. 전 세계 신문에 홈즈의 사망 기사가 실렸다. 런던의 젊은이들은 어깨에 검은 완장을 두르고 홈즈의 죽음을 애도했다. 코난 도일에게는 매일 홈즈의 죽음을 취소하라는 수백 통의 항의 편지가 배달되었다. 홈즈 시리즈가 발표됐던 「스트랜드 매거진」의 구독자 중 2만 명 이상이 정기구독을 끊었다. 당시 빅토리아 여왕마저 유감을 표했다고 한다. 대중들의 이러한 슬픔에도 불구하고 코난 도일은 이후 8년 동안 셜록 홈즈 작품을 쓰지 않았다. 그 기간 동안 아내의 급성폐결핵을 치료하기 위해 요양지를 다녔으며 남아프리카 모험도 즐겼다.

하지만 셜록 홈즈의 부활은 뜻하지 않게 다가왔다. 1901년 8월 「스트랜드 매거진」에 『바스커빌 가의 개』가 발표된 것이다. 8년의 공백기를 거쳐 발표된 이 작품에 독자들의 호응은 뜨거웠다. 하지만 코난 도일은 이 작품이 과거 셜록 홈즈 사건집의 일부로 회상 작품이며 홈즈가 부활한 것은 아니라고 해서 독자들을 실망시킨다. 그는 『바스커빌 가의 개』를 발표한 다음 해에 기사 작위를 수여받는다. 홈즈 작품을 다시 쓴 공로로 수상했다는 이야기도 있다.

코난 도일은 독자들의 계속되는 성화를 이기지 못하고 1903년 정식으로 홈즈를 부활시킨다. 셜록 홈즈 부활 시리즈는 1894년부터 1899년 사이를 시대적 배경으로 삼아 전개된다. 셜록 홈즈가 귀환하게 된 경위는 다음과 같다.

모리아티 교수와 결투를 벌이던 셜록 홈즈는 라이헨바흐 폭포에서 떨어져 죽은 것이 아니었다. 모리아티 교수만 폭포에서 떨어지고 홈즈는 폭포에서 기어올라 은둔 생활을 했던 것이다. 그동안 홈즈는 모리아티의 잔당들이 소탕되기를 기다리며 세계 여행을 한다. 그러던 중 모리아티의 부하들이 한 명만 남고 모두 사망했다는 소식을 듣고 마침 이 사건을 해결하고 있던 왓슨에게 돌아온다.

1903년 「스트랜드 매거진」 9월호에 실린 〈빈집의 모험(The

Adventure of the Empty House)〉은 부활한 홈즈가 등장하는 첫 번째 단편이다. 이후 1904년에 『셜록 홈즈의 귀환(The Return of Sherlock Holmes)』, 1915년에는 『공포의 계곡』, 1927년에는 『셜록 홈즈의 사건집(The Case-Book of Sherlock Holmes)』이 차례로 발표된다. 40년 동안 모두 60편의 셜록 홈즈 작품이 발표된 것이다.

## 홈즈, 그 이후

홈즈가 대중들에게 명탐정으로 인식되면서 홈즈와 작가를 동일시한 사람들이 코난 도일에게 실제 사건을 의뢰하기 시작했다. 작가 코난 도일도 자신의 작품 속으로 뛰어들어 스스로 셜록 홈즈가 되기도 했다. 조지 에달지(George Edalji)라는 피의자가 시력이 나빠 가축 참살사건을 저지를 수 없었다고 주장해 무죄 석방시킨 것은 유명한 일화다. 추리작가인 아가사 크리스티(Agatha Christie)가 실종되었을 때 그녀가 내린 역을 정확히 추측하기도 했다. 이처럼 코난 도일은 홈즈처럼 억울한 사람들의 누명을 벗겨주거나 조국이 분쟁에 휘말렸을 때 전쟁에 지원하는 등 지식인으로서의 사회적 책임을 다했다.

1906년 첫 부인 루이즈가 오랜 결핵 투병 끝에 사망하고 1년 후, 코난 도일은 부인의 투병기간 중 교제했던 진 레키와

재혼한다. 진 레키의 친정집 근처에서 이구아돈의 화석을 발견한 코난 도일은 1912년 고생물학을 소재로 한 『잃어버린 세계(The Lost World)』를 발표한다. 이 작품은 이후 영화로도 제작되면서 〈킹콩〉 〈쥬라기 공원〉 등 수많은 SF 작품들에 영향을 미쳤다. 이처럼 코난 도일은 수많은 역사소설뿐 아니라 훌륭한 SF 작품도 남겼다.

작가적 상상력이 뛰어났던 코난 도일은 심령술에 심취해 1916년에 자신이 심령주의를 신봉한다고 발표하기까지 한다. 코난 도일은 1930년 심장 질환으로 사망할 때까지 15년 동안 전 세계로 심령술 강의를 하러 다녔다. 이 시절 그는 마술사이자 심령술사인 해리 후디니(Harry Houdini)와도 친분을 맺는다.[9] 언론은 영매를 통해 죽은 자와 소통할 수 있다고 주장하는 그를 미신에 현혹된 지식인이라고 비난했다. 의학 교육을 받은 지성인인 코난 도일이 심령주의자가 되었다는 사실에 수많은 독자들이 경악했다.

이러한 말년의 기행에도 불구하고 코난 도일은 창조적 융합의 천재였다. 최초의 근대 탐정인 오귀스트 뒤팽, 과학 수사관인 르코크 형사, 귀납적 추리력을 가진 의사 조셉 벨 박사 등 명탐정의 요소를 모두 융합해 셜록 홈즈를 탄생시킨 것이다.

# 셜록 홈즈와 왓슨의 캐릭터

셜록 홈즈와 존 왓슨은 작가 코난 도일이 자신을 본떠 만든 두 개의 캐릭터다. 왓슨이라는 인물의 설정은 의사라는 직업, 연대기 작가에 걸맞은 자질, 콧수염을 기른 모범시민의 외양, 법을 준수하는 이성적인 모습, 두 번의 결혼, 다수의 개업 등 작가의 객관적인 사실을 바탕으로 한 것이다. 알코올중독자 아버지를 가진 코난 도일처럼 왓슨은 알코올 중독자 형을 가진 인물이기도 했다.

홈즈는 스포츠맨으로서의 자유로운 영혼, 반항과 우울함, 상처받은 정신을 이겨내기 위해 극단적인 수단에 의존해야하는 작가의 내면(도일은 심령술에 빠져들었고, 셜록 홈즈는 마약중독자)이 투사된 것이다. '홈즈의 면모 가운데 얼마나 많은 부분이 코난 도일이냐?'는 사람들의 질문에 코난 도일은 다음과 같이 대답했다고 자서전에 적었다.

"자신의 내면에 어느 정도 그런 성격이 존재하지 않으면 자신의 잠재의식으로부터 등장인물들을 끌어내 생생하게 묘사할 수 없다."

이러한 의미에서 홈즈와 왓슨은 지킬 박사와 하이드처럼 코난 도일의 상반된 분신이 된다. 따라서 홈즈와 왓슨의 캐릭터를 서로 연관시켜 살펴보는 것이 좋을 듯하다.

## 셜록 홈즈의 캐릭터

### 셜록 홈즈의 이름과 외모

코난 도일이 『주홍색 연구』를 쓰면서 처음 생각한 주인공 이름은 '셰린포드 홈즈'였다. 이 이름은 '셰링턴 호프'로 바뀌었다가 마침내 '셜록 홈즈'로 결정되었다.[10] '셜록(Sherlock)'이라는 이름은 옛 아이슬란드어로 '금발의' 혹은 '빛나는'이라는 뜻을 지니는데 셜록 홈즈의 머리 색깔은 작품에서 언급되지 않는다.

셜록 홈즈의 상징이 된 물건들

　셜록 홈즈의 외모에서 가장 먼저 떠오르는 것은 돋보기와
사냥 모자, 굽은 파이프 담배일 것이다. 하지만 오늘날 독자들
에게 널리 알려진 홈즈의 사냥 모자는 작품에서 언급된 적이
없다. 〈보스콤 밸리 사건(The Boscombe Valley Mystery)〉에서 홈
즈는 '머리에 꼭 맞는 천 모자'를 썼고, 〈경주마 은점박이(The
Adventure of Silver Blaze)〉에서는 '귀 덮개가 달린 여행 모자'를
썼을 뿐이다. 하지만 삽화가 시드니 페짓(Sidney Paget)이 「스트
랜드 매거진」에 그린 사슴사냥 모자 그림이 홈즈를 상징하게
된 것이다.

　홈즈는 독수리와 같은 얼굴에 호리호리한 체격을 가졌다.
이는 홈즈의 모델이 된 조세프 벨 교수의 모습이기도 하다. 스티븐 도일은 홈즈의 외모가 윌키 콜린스(Wilkie Collins)가 지은 탐정소설, 『월장석(The Moonstone)』의 커프(Cuff) 탐정과 흡사하다고 주장한다. 마른 체격, 날카로운 갈색 눈동자, 마르고 날카로운 코와 얼굴은 두 탐정 묘사의 공통점이다.[11]

## 홈즈의 생애

60편의 작품 속에서 홈즈의 유년기에 대해 밝혀진 사실은 많지 않다. 유일하게 홈즈의 나이를 추정할 수 있는 작품은 1914년 8월을 시대적 배경으로 한 〈마지막 인사(His Last Bow)〉다. 셜로키언들은 이 단편에 등장하는 '키가 크고 수척한 예순 살의 남자'라는 표현을 바탕으로 홈즈가 1854년에 출생했다고 추정한다. 또 홈즈가 셰익스피어의 〈십이야(The Twelfth Night)〉를 좋아했다는 것을 근거로 삼아 1월 6일을 홈즈의 생일날로 기념한다.

〈그리스인 통역사(The Adventure of the Greek Interpreter)〉에서 홈즈는 자신의 조상이 시골 지주였고, 프랑스의 화가 베르네가 이모 할머니였다고 말한다. 하지만 홈즈의 가족 중 유일하게 모습을 드러내는 사람은 일곱 살 위의 마이크로프트(Mycroft) 형이다. 정부의 모든 의사 결정에 관여하는 마이크로프트는 홈즈에게 많은 영향을 미친다. 홈즈보다 뛰어난 관찰력과 추리력을 지닌 그는 기차처럼 정해진 궤도를 달리는 삶을 살다가 불법적인 수사가 필요할 때마다 궤도를 벗어나 홈즈를 찾아온다. 마이크로프트는 사건을 의뢰하기 위해 〈그리스인 통역사〉와 〈브루스 파팅턴 호 설계도(The Adventure of the Bruce-Partington Plans)〉에서 홈즈를 방문한다.

홈즈의 2년간 대학생활 중 유일한 친구는 트레버다. 트레버의 아버지는 홈즈의 재능을 처음 알아보고 그가 훌륭한 탐정이 될 것이라고 예언한다. 홈즈는 트레버 아버지의 조언을 들으며 "그때까지 취미에 지나지 않았던 것을 직업으로 삼을 수도 있겠다"[12]고 생각한다.

2년간의 대학 생활 후 홈즈는 대영박물관 근처 몬터규 가에서 방을 얻어 탐정업에 관련된 방대한 공부를 한다. 1881년 27살 때 두 살 위의 상이용사 왓슨과 함께 베이커가 221B번지 하숙집을 얻는다. 이후 두 사람은 파트너 탐정이 되어 500건의 중요한 사건을 포함해 모두 1,000여 건의 사건을 해결한다. 1891년 초반에 홈즈는 범죄계의 나폴레옹인 모리아티 교수의 범죄조직을 노출시키고 제거하는 데 노력을 집중한다. 하지만 그는 모리아티 교수와 대결하다 스위스 라이헨바흐 폭포에서 실종된다.

1894년 3년간의 은둔생활에서 돌아온 홈즈는 1901년까지 수백 건의 사건을 해결하며 눈부신 활약을 한다. 1895년 홈즈는 공적을 인정받아 혼자 빅토리아 여왕을 만나기도 하고, 1902년에는 기사 작위를 거절하기도 한다. 홈즈가 서식스의 해안으로 은퇴한 것은 1903년에서 1904년 사이다. 홈즈는 외로운 은퇴 생활 속에서 양봉을 하고 『탐정학의 모든 것(The Whole Art of Detection)』을 집필한다. 하지만 제1차 세계대전을 앞둔 1912년에서 1914년 사이에 미국인 이중간첩으로 위장해 활약하며 독일 간첩 폰 보르크를 체포한다. 이 사건이 홈즈와 관련된 마지막 공식 기록이다.

## 홈즈의 성격

셜록 홈즈는 자문 탐정으로서 매우 신중하고 책임감 있는 자세를 취한다. 의뢰자의 비밀은 어떤 일이 있어도 지켜준다. 약자에게는 기사도 정신을 베풀고 〈푸른 석류석(The Adventure of the Blue Carbuncle)〉에서는 "지금은 용서의 계절"이라며 악당에게도 자비를 베푼다. 하지만 진정한 홈즈의 매력은 인간적인 면모에 있다. 『주홍색 연구』에서 왓슨이 홈즈의 추리력을 칭찬하자 홈즈는 여성처럼 귀까지 붉히며 좋아한다. 자유로운 보헤미안의 기질을 갖기도 했으며 〈보스콤 밸리 사건〉에서는 경찰을 백치라 부르며 우습게 여기고 냉소적인 태도를 취한다. 이러한 냉소주의는 자신을 향하기도 한다. 『공포의 계곡』에서 홈즈는 자신을 "정신병에 걸린 미친놈이나 정신이 오락가락하는 바보"라고 한다.

홈즈의 성격을 한 마디로 표현하면 '이중성'이다. 홈즈는 스포츠맨, 투사, 현장 형사로서 지칠 줄 모르는 체력과 열정을 자랑하지만, 사건이 해결되고 나면 몇 주일씩 무기력과 우울증에 빠져 지낸다. 극도의 흥분 상태와

파이프 담배를 문 홈즈를 형상화한 그림

우울함을 오르내리는 조울증을 가진 것이다. 그런데 이러한 조울증은 일반인들보다 천재들에게서 더 많이 발견할 수 있다는 것이 정설이다.

홈즈는 자신의 사고력을 높이고 우울증과 무료함을 달래기 위해 하루 세 차례씩 코카인 주사를 맞기도 한다. 밤새 독한 담배를 피워대는 것은 기본이다. 정신분석학적으로 볼 때 약물 의존성은 현실 도피의 욕구와 친밀감의 갈구에서 시작된다. 외로운 명탐정 홈즈는 마약을 통해 외로움을 해소하려 했던 것이다. 약물 중독과 대인기피증, 여성혐오증까지 가진 그는 많은 인간적인 약점을 가진 영웅이다. 이러한 인간적인 면모 때문에 현대의 독자들이 더욱 더 홈즈에게 공감하는 것이다.

## 추리하는 기계

셜록 홈즈는 코난 도일의 철저한 의도에 따라 창조된 캐릭터다. 홈즈의 캐릭터를 한 마디로 표현한다면 감성을 배제시킨 '추리하는 기계'라고 할 수 있다. 셜록 홈즈가 처음 등장하는 『주홍색 연구』의 첫 두 장은 홈즈의 이러한 캐릭터 묘사에 집중하고 있다. 특히 2장은 소제목 자체를 '추리의 과학'이라고 정할 만큼 홈즈의 추리력에 관해 상세히 다룬다. 흥미로운 사실은 홈즈라는 추리 기계도 명확한 지식의 한계를 가진다는 것이다. 다음은 관찰자이자 서술자인 왓슨이 『주홍색 연구』 2장에서 홈즈의 지적 능력에 대해 정의한 내용이다.

〈셜록 홈즈 – 그의 한계〉

1. 문학 지식 – 없음.

2. 철학 지식 – 없음.

3. 천문학 지식 – 없음.

4. 정치 지식 – 박약.

5. 식물학 지식 – 들쭉날쭉. 벨라도나와 아편. 독성 물질 일반에 대해서는 해박. 실용적인 원예 지식은 없음.

6. 지질학 지식 – 실용적이지만 제한적. 여러 가지 토양을 한눈에 구별. 산책 후 자신의 바지에 흙탕물이 튄 자국을 내게 보여주고 흙의 색깔과 경도로 그것이 런던 어디에서 묻은 것인지

말함.

7. 화학 지식 – 깊음.

8. 해부학 지식 – 정확하지만 체계가 없음.

9. 범죄 문헌 지식 – 막대함. 금세기에 자행된 모든 중범죄에
대해 낱낱이 알고 있는 듯.

10. 바이올린을 잘 연주함.

11. 목검술, 권투, 펜싱 실력이 뛰어남.

12. 영국법에 대한 실용적인 지식 우수.


셜록 홈즈가 성공적인 캐릭터가 될 수 있었던 첫째 요인은
선택과 집중을 잘했다는 것이다. 천재적인 자문탐정이 되기
위해 배제시켜야 할 요소들은 너무 많다. 냉철하게 감정을 배
제시키고 추리에 도움이 되지 않는 지식들은 모두 머리에서
비워야 한다. 셜록 홈즈는 자신의 뇌 사용법에 대해 다음과 같
이 말한다.


"나는 인간의 뇌가 본래 비어 있는 작은 다락방과 같다고 봐.
선택한 가구 따위를 다락에 보관해야 하는데, 바보는 우연히
손에 넣은 온갖 잡동사니를 다 들여 넣지. …… 그런데 장인은
뇌-다락에 넣을 것을 고르는 데 신중해. 장인은 요긴하게 쓰이
는 연장만 골라 제대로 구색을 갖춰서 아주 완벽하게 정돈해놓

으려 하지. 작은 다락방의 벽이 탄력적이어서 한정 없이 늘어날 수 있다고 생각하면 오산이야."

- 『주홍색 연구』

왓슨은 유식함만큼이나 두드러지는 홈즈의 무식함에 어처구니없어 한다. 홈즈는 지구가 태양 둘레를 돈다는 코페르니쿠스의 이론이나 태양계의 구성에 대해서도 무지하다. 작가는 엄격할 정도로 명탐정에게 한계를 부여함으로써 상식을 깨는 독특한 캐릭터에 독자들이 빠져들게 만든다.

### 셜록 홈즈의 여성관

홈즈는 자신의 생활에서 여성을 철저하게 배제한다. 평생 연애도 한번 해보지 않고 결혼도 하지 않으며 독신으로 지낸다. 여성 비하적인 언급을 할 때도 있다.

〈마지막 인사〉에서 여성참정권을 주장하는 여성들의 행위를 '폭력 사태'라 말하며 독일의 선동에 넘어간 것이라고 한다. 이러한 셜록 홈즈에게 한 명의 존경하는 여성이 있으니 그녀는 아이린 애들러(Irene Adler)다. 그녀는 보헤미아 왕국 국왕의 애인이다. 〈보헤미아 왕국 스캔들〉에서 홈즈는 그녀에게 완벽하게 패배한다. 홈즈를 패배시킨 유일한 여성이다. 하지만 홈즈는 그녀를 존경하며 국왕에게 사례금 대신 그녀의 사진 한

31

장만을 요구한다.

홈즈는 자신의 삶에서 여성을 배제하기는 하지만 실제로는 여성들에게 공손하며 기사도 정신을 발휘한다. 악당들에게 시달리는 젊은 여성 의뢰인들을 보며 분노하고, 그들을 구해주기 위해 헌신한다.

이러한 이중적인 모습은 작가 코난 도일의 여성관 투영이 아니었을까? 영국 신사의 전형으로 기사도 정신에 투철했던 그였지만, 문득문득 떠오르는 월러의 환영에 시달리지 않았을까? 어머니와 월러에 대한 의구심을 코넌 도일은 셜록 홈즈에게 투영한 것인지도 모른다.

## 왓슨의 캐릭터

### 왓슨의 외모와 성격

콧수염을 기른 푸근한 인상의 왓슨은 중절모를 즐겨 쓴다. 네모난 턱과 굵은 목을 가진 그는 중간 체격에 단단한 몸집을 가졌다. 〈서식스의 뱀파이어(The Adventure of the Sussex Vampire)〉에서는 훌륭한 럭비 선수의 체격으로 손색이 없다고 표현된다. 〈은퇴한 물감 제조업자(The Adventure of the Retired Colourman)〉에서 홈즈가 왓슨을 보고 여성들에게 자연적인 이점을 가졌다고 한 것으로 보아 꽤 잘 생긴 외모를 가졌다고 짐작할 수 있다.

왓슨의 속성을 대표하는 단어는 '평범함'과 '상식'이다. 왓슨은 천재를 돋보이게 하기 위한 파트너로서 약간 우둔하고 느리며 일상적인 인물이다. 『바스커빌 가의 개』에서 왓슨 자신도 "지상에서 내가 가진 한 가지 자질은 상식이다"라고 말한다. 왓슨은 어떤 면에서는 게으르고(『주홍색 연구』), 성질이 급하며 기억력이 떨어지고(〈베일을 쓴 하숙인〉), 경제적인 책임감이 부족하다(『주홍색 연구』). 〈쇼스콤 고택(The Adventure of Shoscombe Old Place)〉에서는 연금의 반을 경마로 날리기도 한다. 〈춤추는 사람들〉에서는 돈 관리를 못하고 경마에 빠진 왓슨을 위해 홈즈가 왓슨의 수표책을 서랍에 보관해두기도 한다.

하지만 왓슨은 장점도 많다. 홈즈는 왓슨을 매우 현실적이라고 말하며 왓슨의 열정과 지성, 유머와 끈기를 칭찬한다. 왓슨은 취미 생활도 다양하다. 특히 럭비와 당구, 경마를 좋아한다.

홈즈와 대비되는 왓슨의 성격 중 하나는 여성에 대한 관심이다. 여성기피자인 홈즈와 달리 왓슨은 여성들에게 많은 관심을 나타낸다. 홈즈가 "여자는 왓슨의 분야"라고 말할 정도다. 『네 사람의 서명』에서 왓슨은 "많은 나라들과 세 개의 대륙에서 여성들과 많은 경험을 가졌다"고 말한다. 이러한 왓슨은 두 번째 사건의 의뢰인인 모스턴 양과 결혼한다. 왓슨의 결혼에 대해서는 많은 이견이 있는데, 모스턴 양과의 결혼 이전에 이미 결혼 경험이 있다는 암시가 〈보헤미아 왕국 스캔들〉과 〈푸른 석류석〉 등에 나온다.

### 왓슨의 생애

왓슨은 셜록 홈즈의 절친한 룸메이트이며 셜록 홈즈 스토리의 화자다. 그는 홈즈보다 두 살 정도 나이가 많으며 가족이 없다. 『네 사람의 서명』에서 홈즈가 왓슨의 손목시계를 보고 알코올 중독으로 죽은 형의 시계라고 한 것으로 보아 왓슨에게 형이 하나 있었으나 사망한 것으로 보인다. 『주홍색 연구』에서 왓슨은 자신의 친척이나 가족이 영국에 하나도 없다고 말한다.

왓슨의 모델이 된 실존 인물은 코난 도일의 동료 의사이며 영국 외교 임무 차 만주에서 근무한 적이 있는 제임스 왓슨 박사 또는 제1차 아프간 전쟁 때 부상을 입고 인도에 관한 글을 써서 유명한 존 왓슨 박사 중 하나로 추정되고 있다.[13]

왓슨은 1878년 런던 의과대학에서 의학박사 학위를 받는데 이를 근거로 - 정상적인 나이에 학위를 받았다고 가정할 때 - 홈즈보다 두 살 정도 많다고 추정한다. 이후 왓슨은 영국 육군에서 외과의사 코스를 수료한다. 그는 아프간 전쟁에 군의관으로 참여했다가 총탄에 맞아 어깨뼈가 부서지는 중상을 당한 뒤 장티푸스까지 걸려 영국으로 후송된다. 왓슨은 빠듯한 상이군인 연금으로 런던에서 생활하기 위해 룸메이트를 구하다가 스템퍼드의 소개로 홈즈를 만나게 된다. 그 뒤 왓슨은 세계 최초 자문 탐정인 홈즈의 파트너이자 사건 기록자의 역할을 해나간다.

왓슨은 두 번째 장편 소설인 『네 사람의 서명』에서 의뢰인 모스턴 양과 결혼해 홈즈를 떠난다. 그런데 〈빈집의 모험〉에서는 부활한 셜록 홈즈가 왓슨의 가족상(喪)에 대해 언급한다. 많은 셜로키언들과 학자들은 왓슨의 가족상이 부인의 죽음을 의미하는 것이라고 받아들인다. 그 후 왓슨은 20여 년을 독신으로 지내다 〈피부가 하얘진 병사(The Adventure of the Blanched Soldier)〉에서 재혼해 다시 홈즈를 떠난다.

## 연대기 기록자로서의 왓슨

홈즈 시리즈 60편 중 56편이 왓슨에 의해 기록된다. 〈피부가 하얘진 병사〉와 〈사자의 갈기(The Adventure of the Lion's Mane)〉 두 편만 홈즈가 기술하고, 나머지 두 편 〈마지막 인사〉와 〈마자랭 보석(The Adventure of the Mazarin Stone)〉은 정체를 알 수 없는 3인칭 화자가 기술한다.

왓슨은 훌륭한 연대기 기록자다. 독자의 눈높이에 맞추어 사건을 바라본다는 점에서 뛰어난 서술자이기도 하다. 어떤 때는 독자보다 낮은 추리력과 지적 능력을 보여주는데, 이는 독자들이 자신감을 가지고 사건 해결에 도전해보도록 하기 위함이다. 하지만 홈즈는 왓슨이 사건을 기록하는 방법에 대해 불만을 나타낸다.

"자네는 과학적 적용이 아닌 이야기의 관점에서 모든 것을 보는 치명적인 버릇이 있네. 그런 버릇이 교훈적이고 전형적인 사례들이 될 수 있는 것들을 망쳐놓았다네."
– 〈애비 농장(The Adventure of the Abbey Grange)〉

이러한 비판에 왓슨은 홈즈에게 직접 사건 기록을 해보라고 한다. 이 때문인지 마침내 홈즈가 펜을 들어 두 편의 사건을 기술한다.

"내가 직접 글을 쓰다 보니 독자들의 흥미에 맞게 사건을 제시해야 한다고 느꼈음을 인정하지 않을 수 없다."
– 〈피부가 하얘진 병사〉

홈즈의 이러한 언급은 독자들의 눈높이와 흥미에 맞게 이야기를 엮어가는 왓슨의 서술 방법이 옳았음을 인정하는 것이다. 왓슨과 헤어져 시골로 은퇴한 홈즈는 다음과 같이 탄식한다.

"이 시기에는 왓슨을 거의 만나지 못했다. 그가 주말에 방문할 때나 만날 수 있었다. 그러니 이제 내가 직접 기록자 노릇을 하지 않을 수 없다. 아, 왓슨이 있다면! 이 놀라운 사건과 온갖 어려움을 이겨내고 결국에는 내가 승리를 거두는 것을 멋지게 그려낼 텐데!"

- 〈사자의 갈기〉

결국에는 까다로운 비평가인 홈즈도 왓슨의 서술 능력을 높이 평가한 것이다.

## 파트너로서의 왓슨

"왓슨 자네는 늘 별것 아닌 내 성과들을 높이 평가해주면서 정작 자신의 능력은 습관적으로 과소평가하지. 그래, 어쩌면 자네는 스스로 빛을 내는 사람은 아닐 수도 있지만, 빛의 안내자임에 틀림없어. 어떤 사람들은 천재성을 갖고 있지는 않지만 천재성을 자극하는 데는 놀라운 능력을 타고나지. 친구, 고백하건데 내가 자네한테 진 빚이 많아."

- 『바스커빌 가의 개』

이 대화에서 홈즈는 왓슨이 천재성을 자극하는 최상의 파트너라고 말하고 있다. 천재성을 자극하는 방법은 단순히 그의 말을 들어주는 것이며 때로는 절대 침묵을 지키는 것이다. 홈즈는 왓슨을 좋아하는 이유 중 하나가 왓슨이 침묵할 줄 알기 때문이라고 말하기도 한다. 홈즈는 자신이 사색에 잠겼을 때 다른 사람들이 떠드는 것을 견디지 못한다. 수사 현장에서 형사들이 홈즈에게 도울 것이 없냐고 물었을 때 그는 침묵해달라고 말한다. 홈즈의 괴팍한 성격을 포용하며 파트너 역할을 하는 것은 너그러운 인품을 가진 왓슨이었기에 가능한 일이었다.

하지만 후반기 작품들에서는 왓슨이 조용한 사건 기록자의 역할을 벗어나는 것을 볼 수 있다. 특히 『바스커빌 가의 개』에서 왓슨의 역할은 홈즈의 활약을 능가한다. 왓슨은 홈즈 대신 의뢰인을 보호하기 위해 다트모어 황야의 바스커빌 저택으로 간다. 의뢰인의 저택에서 머물면서 왓슨은 용의자들을 탐문하며 독자적인 수사를 진행한다. 왓슨은 자신이 발견한 모든 단서들과 수사 진행 상황을 홈즈에게 편지로 보고한다. 또 왓슨은 황야에 있는 탈옥범을 잡기 위해 추격전까지 벌인다.

### 의사로서의 왓슨

의사인 왓슨은 캐릭터나 사건 묘사를 할 때 다음과 같이 의학적 용어와 질병명을 자주 사용한다.

"백내장 나이프" - 〈경주마 은점박이〉

"농포 같은 반점 또는 상흔" - 〈머즈그레이브 전례문(The Adventure of the Musgrave Ritual)〉

"흐린 유리창에 '세놓음'이라고 쓰인 종이가 마치 백내장처럼 군데군데 붙어 있을 뿐이었다." - 『주홍색 연구』

왓슨은 수사 과정에서 참고인들의 건강 진단을 해준다. 『네 사람의 서명』에서 숄토 씨가 심장병을 검사해달라고 하자 왓슨은 진맥을 한 후 이상이 없다고 알려준다. 〈기술자의 엄지손가락(The Adventure of the Engineer's Thumb)〉에서는 손가락이 잘린 기술자를 치료한 뒤 홈즈에게 사건을 의뢰한다.

왓슨은 1888년 메리 모스턴(Mary Morstan) 양과 결혼 후 패딩턴의 의원을 인수해 개업한다. 1891년에는 패딩턴의 의원을 정리하고 켄싱턴으로 간다. 1894년에는 의원을 처분하고 베이커 스트리트로 돌아가 홈즈의 조력자로 활약한다. 이때 왓슨의 병원을 인수한 의사에게 몰래 많은 돈을 지불한 것은 홈즈였다. 왓슨은 1902년 재혼해 다시 개원한다. 왓슨은 성공한 개업의였는데 이는 개업에 실패한 코난 도일이 왓슨을 통해 대리만족한 듯하다.

## 홈즈와 왓슨의 우정

시대를 뛰어넘어 독자들이 셜록 홈즈 시리즈에 매료되는 이유 중 하나는 홈즈와 왓슨의 우정 때문일 것이다. 그것은 애증의 관계가 낳은 끈끈한 우정이다. 셜록 홈즈의 23년 탐정 생활(1878~1891, 1894~1903) 중 17년을 함께 한 우정이기도 하다.

홈즈는 단 하루도 견디기 힘든 룸메이트다. 하숙집에 온갖 서류뭉치를 쌓아두고 벽에 권총 사격을 한다. 밤새워 독한 담배를 피우거나 화학 실험을 해서 방안을 연기로 가득 채운다. 게다가 왓슨의 경고를 무시한 채 하루 세 차례씩 팔뚝에 코카인 주사를 찔러댄다.

냉소적인 홈즈는 왓슨의 사건 기록 방식이 맘에 들지 않는다고 잔소리를 한다. 〈빈사의 탐정(The Adventure of the Dying Detective)〉에서는 "아주 제한된 경력과 2류의 실력을 가진 일반 개업의"라서 믿을 수 없다며 왓슨의 진료를 거부한다. 이렇게 잔인하고 모멸 찬 말에 상처 받으면서도 왓슨은 홈즈를 위해 다른 의사를 부르러 간다. 〈마지막 사건〉에서는 홈즈가 라이헨바흐 폭포에서 사라지자 왓슨은 "홈즈는 내가 알아온 사람 중에 가장 선하고 현명한 사람이었다"며 슬퍼한다. 이러한 순애보적인 왓슨의 헌신은 〈세 명의 개리뎁(The Adventure of the Three Garridebs)〉에서 보상받는다. 왓슨이 범인이 쏜 총탄에 부상을 입자 홈즈는 왓슨에게 "제발 다친 게 아니라고 말해줘."

라고 애원한다. 이때 왓슨의 고백을 보면 두 사람의 우정이 고스란히 묻어난다.

"다치는 것도 해볼 만한 일이었다. 차가운 가면 뒤에 친구에
대한 충실함과 사랑이 깊이 자리 잡고 있다는 것을 알 수 있다
면 몇 번이라도 다쳐볼 만했다. 맑고 엄격한 그의 두 눈이 잠깐
흐릿해졌고, 굳은 입술이 파르르 떨렸다. 나는 이때 오직 한 번
위대한 두뇌만이 아니라 위대한 가슴을 엿보았다. 변변치는 않
지만 애오라지 친구를 도운 그 모든 세월이 이 계시의 순간 절
정에 이르렀다."

　　　　　　　　　　　　　　　　　　　　　– 〈세 명의 개리뎁〉

# 홈즈, 추리를 말하다

## 관찰

"사소한 것이야말로 무한히 가장 중요한 것이라는 게 오랜 내
격언이지요."

- 〈신랑의 정체(A Case of Identity)〉

"위대한 정신을 지닌 사람에게는 사소한 것이 없습니다."

- 『주홍색 연구』

"남들이 못 보고 놓치는 것을 보는 훈련을 했다."

셜록 홈즈의 추리는 사소한 사실들을 놓치지 않는 관찰에서부터 시작된다. 남들이 무심히 보아 넘기는 사소한 사실을 연결고리로 삼아 명쾌한 추리를 진행하는 방법은 작가 코난 도일이 에딘버러 의대 재학 시절 조지프 벨 교수에게서 배운 것이다. 조지프 벨 교수는 '셜록 홈즈 씨'라는 에세이에서 사소한 사실들을 관찰하는 방법에 대해 다음과 같이 말한다.

"사소한 차이에 대한 정확하고 지적인 인식과 이해는 모든 성공적인 진료의 진짜 핵심 요인이다. 만족을 모르는 호기심의 존재와 아주 예리한 감각의 존재를 받아들이고 그것을 생활화한다면 여러분도 홈즈를 뺨칠 수 있다."

## 철저한 귀납적 추리

"짐작은 논리적 사고를 불가능하게 하는 고약한 습관이다."
— 『네 사람의 서명』

"우리는 백지 상태에서 사건에 접근했어. 그게 항상 득이 되거든."
— 〈소포 상자〉

"모든 증거를 확보하기 전에 가설을 세우는 건 크게 실수하는 거야. 판단력이 한쪽으로 치우치게 되거든."

- 『주홍색 연구』

"정보를 얻기 전에 이러쿵저러쿵 할 일은 아니지. 그래서는 자기도 모르게 가설에 맞도록 정보를 왜곡할 수도 있으니까."

- 〈등나무 집(The Adventure of Wisteria Lodge)〉

홈즈는 사건에 대한 어떤 선입관이나 이론 설정을 배제했다. 현장에서 관찰된 사실만을 바탕으로 진실을 규명하는 엄격한 귀납적 추리방법을 사용한 것이다. 몇몇 작품에서는 미리 이론을 설정하고 수사를 진행하는 연역적 추리를 진행하기는 했지만, 거의 모든 작품에서 과학적이며 분석적인 귀납적 추리를 강조했다.

## 백과사전적인 지식의 활용

"맥 경위, 진심으로 현실적인 탐정이 되고 싶다면 석 달 쯤 집에 틀어박혀 매일 열두 시간씩 범죄 기록을 살펴봐야 할 겁니다. 모든 것은 돌고 도는 법이니까요."

- 『공포의 계곡』

"데이터, 데이터, 데이터! 진흙이 없으면 벽돌을 만들 수 없잖아."

- 〈너도밤나무 저택(The Adventure of the Copper Beeches)〉

셜록 홈즈는 범죄에 대한 정보를 모으기 위해 매일 신문에서 범죄 기사와 개인 광고란을 읽는다. 사건과 인물에 대한 모든 기사들을 요약해서 광대한 분량의 파일에 정리해둔다. 홈즈는 웬만한 인물과 사건에 대해서는 자신의 파일 시스템을 통해 손쉽게 검색해낸다.

〈보헤미아 왕국 스캔들〉에서 의뢰인이 '아이린 애들러'라는 이름을 대자마자 검색을 통해 그녀의 출생 장소와 연도, 직업과 경력, 보헤미아 의뢰인과의 관계를 알아낸다. 자연히 의뢰인이 그녀에게 보낸 러브레터를 찾으러 왔다는 사실까지 알아맞힌다. 그 외에 홈즈가 백과사전적인 지식을 이용해 사건을 해결한 예는 다음과 같다.

〈사자의 갈기〉에서는 '키아네아 카필라타'라는 희귀한 해파리에 관한 백과사전적인 지식을 바탕으로 사건을 해결한다.

〈다섯 개의 오렌지 씨앗(The Five Orange Pips)〉에서는 'KKK'가 'Ku, Klux, Klan'의 약자임을 바로 알아차리고 사건을 해결한다. 당시 영국에서 KKK에 대해 아는 사람들은 많지 않았다고 한다.

## 부정 추리

"밤중에 개에게 일어난 이상한 일"이라는 홈즈의 말은 부정 추리를 상징하는 유명한 말이 되었다. 이 말은 〈경주마 은점박이〉에서 그레고리 경위와 살인 사건을 수사하던 홈즈가 한 말이다. 홈즈의 말을 이해하지 못한 로스 대령은 밤새 개가 아무 짓도 하지 않았다고 말한다. 그러자 홈즈는 밤새 개가 아무 짓도 하지 않은 것이 바로 이상한 일이라는 냉소적인 말을 던진다.

밤새 개가 아무 짓도 하지 않은 것, 밤새 개가 짖지 않은 평범한 사실을 뒤집어 홈즈가 놀라운 추리를 한 것이다. 다음과 같은 단계를 거쳐 홈즈는 부정 추리를 했다.

전제1 : 낯선 사람이 나타나면 개가 짖는다.

전제2 : 밤새 개가 짖지 않았다.

결론 : 밤새 낯선 사람이 나타나지 않았다. 즉 집안에 범인이
    있다는 말이다.

이와 같이 '부정 추리'란 일정한 가정 아래 그것이 참이면 가정을 뒤집은 것도 참이라고 보는 것이다. 항상 진실이 성립하지는 않지만 상당히 유용한 홈즈식 뒤집어 생각하기다.

## 심리적 단서의 활용

셜록 홈즈가 추리에 사용한 단서는 크게 심리적 단서와 물리적 단서로 나눌 수 있다. 심리적 단서란 단순히 심리적 동요만이 아니라 살아있는 존재가 반응하고 자신도 모르게 반응하는 방식 전체다.[14] 셜록 홈즈는 심리적 단서를 물리적 단서만큼 결정적 단서로 자주 이용한다.

> "순간적인 표정의 변화나 근육 한 가닥의 씰룩거림, 스쳐지나
> 가는 눈빛만 봐도 한 인간의 속내를 헤아릴 수 있다고 글쓴이는
> 주장했다."
>
> -『주홍색 연구』

왓슨이 신문에서 '생명의 책'이라는 홈즈의 기사를 무심코 읽은 뒤 한 말이다. 이러한 기사를 쓸 정도로 홈즈는 심리적 단서를 일상적인 추리에 자주 활용했다. 왓슨 박사를 처음 만났을 때 왓슨이 의사임을 알아맞힌 것도 왓슨의 표정과 행동에서 배어나온 심리적 단서 때문이었다.

> "이 신사는 의사 유형인데 군인 분위기를 풍기는군. 그렇다면
> 군의관일 수밖에."

홈즈의 말에서 '의사 유형'과 '군인 분위기'란 왓슨이 무의
식적으로 표출하는 심리적 단서를 말한다. 홈즈는 의뢰인의
태도에서도 심리적 단서를 찾는다. 〈두 번째 얼룩(The Adventure
of the Second Stain)〉에서 의뢰인이 태양을 등지고 앉으려 한 것
을 보고 자신의 표정을 들키지 않으려 한 것이라며 의심한다.

홈즈 이전에 이러한 심리적 단서를 잘 활용한 작품은 에드
가 앨런 포의 〈모르그 가의 살인〉이다. 오귀스트 뒤팽 탐정이
돌무더기에 걸려 넘어지거나 하늘을 쳐다보며 걷는 친구의 몸
짓을 통해 일련의 사고 흐름을 읽어내는 장면이다.

**물리적 단서의 활용**

심리적 단서들이 직관의 영역에 속한다면 물리적인 단서들
은 과학수사의 영역에 속한다. 왓슨은 홈즈가 "범죄수사를 정
밀과학에 가까운 최고 수준으로 끌어올렸다(『주홍색 연구』)"고
했는데, 이는 객관적인 물리적 단서를 활용했다는 의미다. 과
학수사로 유명한 르콕의 영향을 받은 홈즈는 지문, 족적, 혈흔,
시가재, 토양 등 이용할 수 있는 모든 물리적 단서를 활용한다.
홈즈가 사용한 물리적 단서들과 그 실례들은 다음과 같다.

## 토양

홈즈는 토양의 특성을 파악하는 데 있어 전문가 수준의 지식을 가졌다. 〈다섯 개의 오렌지 씨앗〉에서 왓슨은 홈즈가 "런던에서 80킬로미터 이내의 지역에서 묻혀 온 흙이라면 그 지역을 알아맞힐 만큼 지질학에 해박하다"고 말한다. 같은 작품에서 홈즈는 부츠 콧등에 묻은 점토와 백악의 혼합물을 보고 의뢰인이 영국 남서부에서 왔음을 알아맞힌다.

## 담뱃재

홈즈는 담뱃재나 시가재를 보고 그것이 어느 종류의 담배인지 알아맞힐 수 있다. 셜록 홈즈는 140개의 여송연, 궐련, 파이프 담배의 담뱃재를 알아내는 「다양한 담뱃재의 구별에 관하여」라는 논문을 발표하기도 했다.

"담뱃재는 범죄 재판에서 끊임없이 등장하는 증거물이고, 때로 사건 해결에 매우 중요한 단서가 되기도 하거든. 만일 어떤 살인 사건의 용의자가 인도산 룬카를 피운다는 사실만 알아낼 수 있다면 수사망을 좁히는 데 큰 도움이 될 거야. 전문가의 안목으로 보면 트리치노폴리의 검은 재와 살담배의 보풀 같은 하얀 재는 양배추와 감자만큼 쉽게 구분이 가거든."

─『네 사람의 서명』 중에서

## 발자국

홈즈는 『네 사람의 서명』에서 발자국 추적에 관한 논문도 발표했는데, 이 논문에서는 회반죽을 사용해 발자국 흔적을 보존하는 기술도 설명되었다. 홈즈는 훈련된 눈으로 보면 모든 발자국이 의미를 지닌다고 말한다. 그가 발자국을 통해 알아낸 단서의 예는 다음과 같다.

앞부분만 찍힌 발자국을 보며 발자국의 주인이 급하게 달아났다고 추리한다. 같은 발자국이 여럿 찍힌 모양을 보고 범인이 오랫동안 배회했음을 알아내고, 한쪽 발자국이 더 깊이 찍힌 것을 보고 다리 저는 사람임을 알아낸다. 보폭을 통해 범인의 신장을 추측하고, 발자국의 날렵한 모양으로 보아 범인이 세련된 외모를 하고 있었다는 것도 추정한다.

『주홍색 연구』에서 홈즈는 "과학수사에서 발자국 추적의 기예만큼이나 중요하면서도 홀대를 당하는 분야는 없다"고 말한다. 홈즈는 다른 발자국에 눌려 뭉개진 발자국이 먼저 찍힌 발자국이라고 덧붙인다.

## 신체적 특징

홈즈는 신체적 특징을 통해 추리하는 방법을 다양하게 선보였다. 특히 직업이 손 모양에 미치는 영향에 관한 소논문을 쓸 정도로 손 모양을 통해 많은 단서를 얻었다.

"선원, 슬레이트공, 코르크 절단공, 식자공, 직조공, 다이아몬드 연마공 등 다양한 직업인의 손 모양이 그려진 도판을 소논문에 실었지. 그건 과학수사에 큰 도움이 되는 굉장한 연구라고 할 수 있어. 특히 시체의 신원을 밝힐 때나 범죄자의 전과를 확인하는 데 큰 도움이 될 거야."

- 『네 사람의 서명』

〈글로리아 스콧 호(The Adventure of the Gloria Scott)〉에서 홈즈는 트레버 씨의 손에 굳은살이 박인 것을 보고 광산에서 일한 적이 있음을 알아낸다.

〈신랑의 정체〉에서 홈즈는 의뢰인 여성의 양 소매에 두 줄의 선이 있는 것을 보고 의뢰인의 직업이 타이피스트임을 추리한다. 타이피스트가 책상 모서리에 손목을 걸치는 습관에서 착안한 것이다. 홈즈는 재봉틀을 쓰는 경우는 왼손에만, 엄지에서 먼 쪽에만 선 자국이 생긴다고 덧붙인다. 또 의뢰인의 코 양쪽에 코안경 자국이 있는 것을 보고 여성이 시력이 나쁘면서도 타자를 친다고 추측한다.

〈프라이어리 스쿨〉에서는 의뢰인의 턱을 보고 사건이 발생한 지 사흘이 지났음을 짐작한다. 유괴 사건 때문에 경황이 없던 의뢰인은 사흘 동안 면도도 할 수 없었던 것이다.

〈붉은 머리 연맹(The Adventure of the Red-Headed League)〉에서

는 의뢰인의 오른손이 왼손보다 훨씬 큰 것을 보고 오른손으로 일을 해서 한쪽 근육이 발달했으며 한동안 수작업 노동을 했다고 추리한다. 손목 바로 위의 물고기 문신을 보고 중국 여행을 다녀왔으며, 오른쪽 소매 끝이 13센티미터쯤 반질거리고 왼쪽 팔꿈치 부분이 반질거리는 것으로 보아 최근 글씨를 많이 썼다고 추리한다.

홈즈는 〈자전거 타는 사람(The Adventure of the Solitary Cyclist)〉에서 의뢰인의 신발 밑창 옆이 좀 꺼칠꺼칠해진 것을 보고 자전거를 탄다고 추측하고, 손끝이 주걱 모양이므로 타이피스트나 피아니스트 중 하나인데 얼굴에 영적인 기운이 감돌아 피아니스트라고 추리한다.

〈소포 상자〉에서는 상자 속에 든 두 개의 잘린 귀가 생김새가 달라 각기 다른 사람의 것이라고 추리한다. 하나는 작고, 생김새가 섬세하며 귀고리 구멍이 뚫려 있어 여성의 귀이고, 다른 하나는 볕에 그을렸고 지저분한 남성의 귀라고 추측한다. 또 잘린 여성의 귀는 짧은 귓바퀴, 넓은 귓불, 내부 연골이 돌아간 모양이 미스 쿠싱과 일치해 미스 쿠싱과 혈연 관계라고 추리한다. 홈즈는 「인류학 저널」에 인간의 귀는 저마다 특색이 있어 전혀 다르게 생겼다는 논문을 두 편이나 실었다.

### 자전거 바퀴자국

〈프라이어리 스쿨〉에서 홈즈는 42개의 자전거 타이어 자국을 구별할 수 있다고 한다. 바깥 면에 자잘한 홈이 많이 파인 던롭 타이어, 세로로 길게 홈이 파인 파머 타이어도 구별한다. 황무지에 난 자전거 바퀴 자국을 보고 자전거의 방향도 알아낸다.

### 초상화

『바스커빌 가의 개』에서는 오늘날 과학수사에서 몽타주를 사용하듯 초상화를 단서로 삼는다. 바스커빌 가의 저택을 방문한 홈즈는 벽에 걸린 휴고 바스커빌의 초상화가 스테이플턴이라는 박물학자의 얼굴과 닮았음을 발견한다. 이 단서에서 홈즈는 스테이플턴이 바스커빌의 후손이며 상속을 받기 위해 살인을 저지른 범인이라고 단정한다. 홈즈는 이에 대해 다음과 같이 말한다.

"내 눈은 각종 치장이 아닌 얼굴을 보는 데 단련되어 있지. 이건 범죄 수사관의 첫 번째 덕목이라고. 변장한 놈들을 알아봐야 하니까."

### 필적

필적은 홈즈가 가장 많이 사용했던 물리적 단서 중 하나였다. 작가 코난 도일이 당시 유럽 대륙에서 발달했던 필적학을 연구해 작품에 활용한 듯하다.

〈소포 상자〉에서는 포장지에 쓰인 필체를 보고 글을 쓴 사람이 남성이며 교육 수준이 떨어지고, '크로이던'이라는 지명을 잘 모른다고 추리한다('Croydon'의 y를 I로 잘못 썼다가 다시 고친 흔적이 있었다).

『네 사람의 서명』에서는 모스턴 양이 받은 편지의 필체를 분석한다. 홈즈는 긴 글자와 짧은 글자들이 별반 차이가 없어 구분하기 쉽지 않은 점을 보아 글쓴이는 성격이 올곧거나 실무에 능한 자가 아니라고 추측한다(d와 a, 그리고 l과 e를 구분하기 쉽지 않았다). 또 'k'를 보면 그의 우유부단한 성격이 느껴지고 대문자에서는 자만심까지 엿보인다고 말한다.

『바스커빌 가의 개』에서 홈즈는 짧은 s와 긴 S가 번갈아 쓰인 것을 보고 연대를 짐작한다. 고문서학자 라이어넬 K. J. 교수에 의하면 긴 S와 짧은 s를 번갈아 사용한 시기는 1500년대부터 1780년대까지라고 한다.[15]

〈라이게이트의 지주들(The Adventure of the Reigate Squire)〉에서 홈즈는 편지 한 장에서 23개의 단서를 찾아낸다. 10년 단위로 글쓴이의 나이를 알아맞힐 수 있으며, 혈연관계에 있는 집안 식구들의 공통되고 독특한 버릇을 발견할 수 있으며, 두 사람이 짜깁기로 함께 썼다는 사실도 밝혀낸다.

〈노우드의 건축업자(The Adventure of the Norwood Builder)〉에서 유언장 초안을 보던 홈즈는 전혀 알아볼 수 없는 악필 부분과 깔끔한 부분이 번갈아 있음을 발견한다. 홈즈는 필체가 깔끔한 것은 기차역에 멈추었을 때 썼고, 악필은 기차가 움직일 때 썼으며, 가장 지나친 악필은 기차가 노선 변경기 위를 지날 때 쓴 것이라고 추리한다. 기차는 교외선이며 유언장을 쓸 수 있는 기차라면 특급이었고, 노우드와 런던교에서만 정차했다는 사실도 알아맞힌다.

『바스커빌 가의 개』에서 헨리 바스커빌에게 온 협박편지는 잡지에서 오려붙인 글자로 되어 있다. 홈즈는 그 글자들이 「타임」지의 사설에 쓰이는 활자임을 알고 추리를 진행한다. 활자체를 필적처럼 단서로 삼은 것이다. 또 협박 편지 속 '황야'라는 단어가 두 번이나 멈칫거리며 쓴 필체임을 보고 여러 사람들이 사용해 자주 잉크가 떨어지는 호텔에서 범인이 펜으로 글씨를 썼다고 추리한다.

〈신랑의 정체〉에서 홈즈는 "타자기는 인간의 필적만큼이나 뚜렷한 개성을 가졌다"고 말한다. 그에 의하면 신제품뿐만 아니라 어떤 타자기도 똑같지 않으며 어떤 활자는 더 닳고 어떤 활자는 한쪽만 닳는다고 한다. 홈즈는 의뢰자가 가져온 타자 편지에서 'e'의 윗부분이 좀 흐릿하고 'r'의 꼬리가 살짝 떨어져 나간 것 등 열네 가지 특징을 발견해 편지의 주인을 찾아낸다.

『공포의 계곡』에서는 상단에 독특한 장식의 그리스어 'ε'를 통해 편지를 쓴 사람이 모리아티의 부하 플록임을 알아낸다.

## 치수의 차이

〈노우드의 건축업자〉에서 이층의 복도 길이가 아래층보다 1.8미터 짧다는 사실을 발견하고, 그 길이만큼의 비밀 공간에 범인이 숨어 있다고 생각한다. 홈즈는 너구리 사냥을 하듯 연기를 피워 올려 범인이 비밀 공간에서 뛰쳐나오게 만든다.

『네 사람의 서명』에서 바숄로뮤 숄토는 아버지가 집안에 숨겨둔 보석을 찾기 위해 정원을 파헤치고 온 집안을 뒤진다. 결국 집안의 치수를 재어 보석이 숨겨진 공간을 찾는다. 집의 전체 높이는 22미터인데 방의 높이와 빈 공간의 높이를 모두 더해도 21미터가 되지 않았던 것이다. 바로 이 1미터의 공간에 보석이 숨겨져 있었다.

## 암호

"나는 온갖 형태의 암호에 익숙합니다. 암호를 주제로 한 작은 논문을 직접 쓰기도 했는데, 거기서 160가지의 암호를 분석했지요."

– 〈춤추는 사람들〉

〈춤추는 사람들〉에 등장하는 사람 모양의 암호 체계는 매우 흥미롭다. 그림 하나가 문자 하나를 표현하는 이 암호는 영어에서 가장 많이 사용되는 알파벳인 'E'를 중심으로 해석된다. 이러한 해석 방식은 에드가 앨런 포의 〈황금벌레〉에서 사용된 것과 유사하다.

〈붉은 원(The Adventure of the Red Circle)〉에서는 불꽃이 깜박이는 숫자로 이루어진 암호를 푼다. 이탈리아인이 위험을 경고하기 위해 알파벳 순서만큼 불꽃을 깜박이는데, 'a'는 한 번, 't'는 스무 번 깜박인다. 하지만 코난 도일은 이태리어에는 'k, w, x, y'가 없고 'j'는 임시로만 쓰인다는 사실을 몰랐다는 비난도 받는다.

〈글로리아 스콧 호〉에서 홈즈는 트레버 아버지가 받은 암호를 손쉽게 해독한다. 편지에 적힌 암호는 다른 단어들을 무시하고 세 번째 단어만 읽는 초보적인 암호였다.

〈머즈그레이브 전례문〉에서는 문답 형식으로 된 의식문을 통해 보물이 숨겨진 위치를 찾는다.

## 지문

1892년 골턴(Francis Galton)은 『지문(Finger Prints)』이라는 책에서 쌍둥이라도 지문이 다름을 밝히고 고리 모양, 활 모양, 소용돌이 모양 등의 유형을 정리, 분류체계도 확립했다. 이러한 지문 제도는 1897년 인도에서 성공적으로 도입되었고, 1901년에는 런던 경찰국이 지문 감시체계를 채택했다.[16]

코난 도일은 3년 늦은 1903년 〈노우드의 건축업자〉에서 지문을 결정적인 증거로 취급한다. 하지만 이 작품에서 지문으로 범인이 검거되지는 않는다. 반대로 범인이 지문이 찍힌 봉인 밀랍으로 가짜 지문을 찍어 수사에 혼선을 준다.

### 회중시계

『네 사람의 서명』에서 홈즈는 "일상생활에서 쓰는 물건에 개인의 흔적을 남기지 않는 것은 불가능하고, 그 때문에 전문적인 훈련을 받은 사람이라면 반드시 그 흔적을 찾아낼 수 있다"고 한다. 왓슨의 회중시계를 보고 시계의 전 주인의 습관과 성격을 맞춘 것은 유명한 일화다.

홈즈는 시계 뒤판의 'H. W.'라는 글자를 보고 왓슨의 아버지가 형에게 물려준 시계임을, 시계 아래쪽에 여기저기 파이고 긁힌 자국이 있는 것을 보고 시계 주인의 부주의한 성품을, 뚜껑 안쪽에 있는 네 개의 전당포 번호를 통해 과거의 자금 부족 상황을, 태엽 구멍 주위에 있는 수천 개의 흠집을 통해 술꾼의 시계였음을 추리해낸다.

### 화약 가루

〈라이게이트의 지주들〉에서 살인 사건을 목격한 커닝엄 씨 아들이 마부가 강도와 몸싸움을 벌이다 총에 맞았다고 증언한다. 하지만 홈즈는 마부의 옷에서 화약 흔적이 발견되지 않자 그의 증언이 거짓이라고 의심한다. 홈즈는 적어도 4미터 거리 안에서 총을 맞은 사람에게는 화약 흔적이 발견된다고 말한다.

### 얼룩

홈즈는 〈두 번째 얼룩〉에서 카펫의 얼룩과 카펫 아래 마룻바닥의 얼룩이 일치하지 않음을 보고, 범인이 카펫을 들춘 뒤 마룻바닥 아래 비밀 금고에서 무엇인가를 가져갔다고 추리한다.

## 셜록 홈즈가 수사에 이용한 도구와 수단들

### 줄자와 큼직한 둥근 돋보기

홈즈는 항상 주머니에 큼직한 둥근 돋보기와 줄자를 넣고 다닌다. 『주홍색 연구』에서 사건 현장에 도착한 홈즈는 줄자와 둥근 돋보기로 현장을 조사한다. 그는 신음과 탄성을 연발하면서 무릎을 꿇거나 바닥에 엎드려 20여 분 동안 조사에 열중한다. 왓슨은 이러한 홈즈의 모습을 '잘 훈련된 순종 폭스하운드((Fox Hound) 같다'고 묘사한다.

## 현미경

〈쇼스콤 고택〉에서 홈즈는 현미경을 사용해 범죄를 수사한다. 그리고 위조 주화 제조범의 솔기에서 현미경으로 아연과 구리 실밥을 찾아낸다. 범죄 현장에 떨어진 모자를 현미경으로 살펴보고 아교의 흔적을 찾아내 아교로 액자를 만드는 피의자의 것임을 입증한다.

## 토비

스코틀랜드 야드(런던 경시청)에 경찰견이 있다면 홈즈에게는 '토비'라는 사냥개가 있다. 토비는 스패니얼(spaniel)과 러처(lurcher)의 피를 반씩 물려받은 잡종으로 갈색과 흰색 털이 반씩 섞였으며 보기 흉할 정도로 뒤뚱거리며 걷는다. 못생긴 얼굴에 귀가 늘어진 토비는 핀친 레인 3번지에 있는 셔먼 영감의 박제 가게에서 키우는 개다.

홈즈는 토비가 "대단히 뛰어난 후각을 지닌 특이한 잡종개"이며 "런던 시내의 모든 수사 병력을 동원하는 것보다 토비 한 마리의 힘을 빌리는 것이 훨씬 효과적"이라고 말한다. 『네 사람의 서명』에서 홈즈는 살인 현장에서부터 범인을 추적하기 위해 토비를 이용한다. 잠시 길을 잃기도 하지만 토비는 범인이 배를 타고 떠난 템스 강의 선착장까지 홈즈를 안내한다.

## 폼피

〈실종된 스리쿼터백(The Adventure of the Missing Three-Quarter)〉에서 홈즈가 유명한 전문가 탐정이라고 소개하는 땅딸막하고 귀가 축 늘어진 개다. 비글(Beagle)과 폭스하운드 교잡종으로, 냄새를 추적하는 사냥개 중 최고라고 묘사된다. 홈즈는 추적하는 마차의 뒷바퀴에 주사기로 아니스 향료를 바른 뒤 폼피에게 냄새를 맡아 마차를 뒤쫓게 한다.

## 개인 광고란

개인 광고란은 원래 '고민란(agony columns)'이라고 하는데 개인의 사적인 문제에 관련된 광고가 실린다. 여기에는 주로 실종, 분실, 이혼 등의 광고가 게재된다. 홈즈는 신문 개인 광고란에 광고를 실어 범인이나 용의자들을 하숙집으로 유인한다. 『주홍색 연구』에서는 사건 현장 근처에서 여성의 결혼반지를 주웠다는 광고를 실어 범인이 반지를 찾으러 오게 한다.

〈붉은 원〉에서 홈즈는 개인 광고란이 "색다른 것을 연구하는 사람에게는 더할 나위 없이 값진 사냥터"라고 말한다. 그는 범죄란과 개인 광고란을 통해 광대한 수사자료 파일을 만들기도 한다. 홈즈는 〈푸른 석류석〉〈해군 조약문(The Adventure of the Naval Treaty)〉 등에서도 개인 광고란을 통해 사건을 해결한다.[17]

## 셜록 홈즈의 조력자들

### 베이커 가의 소년 탐정단

홈즈에 의하면 그들은 "어디로든 갈 수 있고, 무엇이든 볼
수 있고, 어떤 이야기도 들을 수 있는" 탐정들이다. 베이커 가
를 떠도는 부랑아 아이들 12명을 홈즈가 조직화한 소년 탐정
들로 런던의 곳곳을 돌아다니며 결정적 단서를 물어다준다.
대장은 위긴스다. 홈즈는 위긴스만 하숙집에 들어와 보고하
라고 하지만, 항상 12명의 아이들이 우르르 함께 몰려다닌다.
『네 사람의 서명』에서 소년 탐정단은 템스 강에 정박한 범인
의 증기선을 찾기 위해 노력한다. 『주홍색 연구』에서는 용의자
를 찾아 홈즈의 하숙집으로 유인한다.

### 디스트릭트 메신저 서비스

당시 우체국과 경쟁하기 위해 많은 지점을 가진 사기업이다.
메신저(심부름꾼)들이 거리당 수고비를 받으며 심부름을 했는
데 레슬리 클링거(Leslie S. Klinger)의 『주석 달린 셜록 홈즈(The
New Annotated Sherlock Holmes)』에 따르면 0.8킬로미터에 3실링,
한 시간에 8실링이라는 수고비를 받았다고 한다. 홈즈는 수사
를 위해 〈거물급 의뢰인(The Adventure of the Illustrious Client)〉
〈브루스 파팅턴 호 설계도〉 등에서 이 서비스를 이용했다.

# 그 외 주요 인물의 캐릭터

## 메리 모스턴 양

메리 모스턴 양은 왓슨의 첫 번째 부인으로 『네 사람의 서명』에 처음 등장한다. 왓슨은 그녀를 처음 보는 순간 "첫인상에서 이처럼 품위 있고 예민한 감성을 드러내는 여인은 처음이었다"고 말한다. 그녀의 아버지인 모스턴 대위는 인도에서 복무하다 휴가차 영국에 왔다가 실종된다. 모스턴 대위 실종 사건을 해결한 뒤 왓슨은 모스턴 양에게 텅 빈 보석 상자를 가지고 간다. 왓슨은 모스턴 양과 결혼한 후 홈즈를 떠나지만 큰 사건이 일어날 때마다 모스턴 양이 처가에 가거나 외출 중이라 홈즈와 수사를 진행할 수 있다.

## 마이크로프트

홈즈보다 일곱 살 많은 친형으로 〈그리스인 통역사〉 〈빈집의 모험〉 〈브루스 파팅턴 호 설계도〉에 등장한다. 〈그리스인 통역사〉에서 마이크로프트는 정부 부서의 회계 감사로 표현된다. 홈즈에 의하면 그는 홈즈보다 추리력과 지적 능력이 뛰어나지만 행동을 하지 않는 안락의자형 인물이다. 〈브루스 파팅턴 호 설계도〉에서 마이크로프트 는 정부의 모든 결정을 주관하는 정부 자체로 표현된다. 그는 팰맬 거리에서 하숙을 하는데 아침에 정부 청사가 모여 있는 화이트홀에 출근해 저녁에 아무 데도 들르지 않고 다시 하숙집으로 돌아온다. 운동도 하지 않아 비만한 몸집을 가진 형은 하숙집 맞은 편 디오게네스 클럽만 들를 뿐 정해진 궤도를 운행하는 기차 같은 삶을 산다. 마이크로프트는 비합법적 수사가 필요할 때면 궤도를 이탈해 홈즈를 찾는다. 1894년 작가 아더 모리슨(Arthur Morrison)이 마이크로프트를 모델로 탐정 마틴 휴이트(Martin Hewitt)를 탄생시켰다는 주장도 있다. 이후 마이크로프트는 다른 작가들의 작품들 속에서 고급 정보를 관할하는 인물로 재탄생한다.

## 레스트레이드 경위

셜록 홈즈 시리즈에 가장 많이 등장하는 형사다. 장편『주홍색 연구』에 처음 등장하는데 눈이 검고 누리끼리한 생쥐 같은 얼굴을 가졌다. 사건 해결에 대한 자문을 구하기 위해 홈즈의 하숙집을 일주일에 서너 번씩 방문한다. 레스트레이드는 총 14편의 홈즈 작품에 등장하며 홈즈의 수사력을 돋보이게 해준다. 홈즈는 레스트레이드에게 우호적으로 도움을 주는 듯하지만 그의 수사력에 대해 냉소적이다.

홈즈는 다수의 작품에서 그에 대해 다음과 같이 평가한다.

"신속하고 열정적이나 구태의연한 – 『주홍색 연구』" "상상력이 결여된 – 〈노우드의 건축가〉" "대개 깊이가 없는 – 『네 사람의 서명』" "불독과 같은 집요함 – 〈소포 상자〉"으로 경시청 정상에 오른 사람이다.[18]

## 알렉 맥도널드 경위

『공포의 계곡』에 등장하는 기골이 장대하고 통찰력이 뛰어난 형사다. 1880년 말부터 일을 시작한 그는 젊은 나이부터 동료 형사들의 신뢰를 받았고 몇몇 사건들을 해결하면서 두

각을 나타냈다. 『공포의 계곡』 사건 이전에 두 차례나 사건 해결 과정에서 홈즈의 도움을 받아 홈즈에게 무한한 애정과 존경을 갖게 된다.

## 그렉슨 경감

런던 경시청의 형사. 홈즈는 그를 가리켜 "경시청에서 가장 영리하다"고 한다. 장편 『주홍색 연구』에서 그는 라이벌 형사 레스트레이드와 함께 살인 사건을 수사한다.

## 하숙집 여주인 허드슨 부인

1882년 12월에 작가 코난 도일은 가정부를 고용했다. 이름이 알려지지 않은 이 가정부는 코난 도일과 환자들에게 상냥하고 푸근한 여성이었다고 한다. 이 가정부의 이미지를 바탕으로 셜록 홈즈의 여주인 허드슨 부인이 탄생한다.[19] 후덕한 허드슨 부인은 홈즈의 괴벽을 모두 받아준다. 여기에 보답이라도 하듯 셜록 홈즈는 충분한 하숙비를 석 달 선납으로 지불한다.

허드슨 부인의 역할은 하숙을 제공하는 것으로 끝나지 않는다. 단편 〈빈집의 모험〉에서는 홈즈를 감시하는 악당을 속이기 위해 창가에 세워둔 홈즈의 흉상을 15분마다 움직이는 일도 맡아서 한다. 홈즈가 스위스 라이헨바흐 폭포에서 실종된 후 주인 없는 하숙집을 3년간이나 원상태로 보존해 준 것도 허드슨 부인이다. 물론 여기에는 홈즈의 형 마이크로프트의 지원이 있었다.

## 모리아티 교수

모리아티 교수는 홈즈에게 맞설 수 있는 유일한 적수다. 모리아티 교수는 셜록 홈즈가 죽는 단편인 〈마지막 사건〉에 처음 등장한다. 작가 코난 도일이 홈즈를 죽이기 위해 의도적으로 창조한 캐릭터인 것이다. 그래서인지 이 작품 이후 모리아티는 단편 〈빈집의 모험〉과 장편 『공포의 계곡』에서 잠시 언급될 뿐 다른 작품에는 등장하지 않는다.

모리아티 교수는 좋은 가문에서 태어나 대단한 교육을 받은 수학의 천재다. 스물한 살에 이항정리에 관한 논문을 써서 유럽의 작은 대학에서 수학 교수가 된다. 하지만 타고난 악마적인 유전 성향 때문에 대학에서 쫓겨나고 런던으로 와 육군 개인지도교사가 된다.

그는 범죄계의 나폴레옹이며 천재이고 철학자다. 그는 일급 두뇌를 이용해 거미줄 같은 범죄 조직을 형성한다. 수많은 하수인들이 그의 지시 하에 사기와 절도, 살인 등 온갖 범죄에 관여한다.

## 세바스찬 모런 대령

악당 모리아티 교수의 오른팔과 같은 심복으로 홈즈는 그를
런던에서 두 번째로 위험한 악당이라고 부른다. 인도 육군에
복무했던 최고의 맹수 사냥꾼이다. 날카로운 눈과 억센 콧수
염을 가진 호랑이와 같은 인상을 가졌다. 단편 〈빈집의 모험〉
에서 홈즈는 모런 대령을 다음과 같이 기록한다.

세바스찬 모런 대령. 현재 무직. 제1 뱅갈로 공병대에 복무함.
1840년 런던에서 태어남. 페르시아 주재 영국공사를 역임한 C.
B. 오거스트 모런 경의 아들. 이튼 고등학교와 옥스퍼드 대학
졸업. 조아키 전투와 아프가니스탄 전투 참전. 차시아브 파견.
셰르푸르, 카불에서 복무. 〈서부 히말라야의 맹수 사냥〉〈정글
에서 3개월〉을 집필함. 주소: 콘딧 스트리트. 가입한 클럽: 앵글
로 인디언, 탱커빌, 바가텔 카드 클럽.

# 셜록 홈즈 시리즈의 주요 작품

    셜록 홈즈의 작품은 장편 4편과 단편 56편으로 이루어져 있다. 하지만 코난 도일이 처음부터 전체 작품을 구상한 것은 아니었다. 원래 작가의 의도는 두 편의 장편과 잡지에 연재한 여섯 편의 단편만으로 셜록 홈즈 시리즈를 마감하려는 것이었다. 하지만 「스트랜드 매거진」에 발표된 단편들이 폭발적인 인기를 얻자 코난 도일은 나머지 작품들을 자의 반 타의 반으로 이어가야 했다. 그래서인지 작품 간의 연관성이 떨어지거나 시대적 불일치가 발견되기도 한다. 셜록키언들과 독자들은 이 60편의 작품들을 '셜록 홈즈 정전'이라고 부른다. 먼저 네 편의 장편들을 살펴보자.

## 『주홍색 연구(1887)』

### 제1부

셜록 홈즈가 처음 등장하는 홈즈 시리즈의 창세기다. 셜록 홈즈라는 세계 최초의 자문 탐정이 일인칭 화자인 왓슨에 의해 소개된다. 처음 두 장은 홈즈의 캐릭터 묘사에 할애된다. 빠듯한 주머니 사정에 룸메이트를 구하던 상이용사 왓슨에게 괴짜 룸메이트가 소개되는데 그가 바로 셜록 홈즈다. 그들의 첫 만남은 심상치 않다. 홈즈는 "발견했다. 내가 발견했다!"고 외치며 화학실험실에서 헤모글로빈 시약을 연구하던 중이었다.

두 번째 장의 소제목은 '추리의 과학'이다. 셜록 홈즈의 정체성을 독자들에게 각인시키려는 듯 홈즈의 추리방법에 대한 방대한 정보가 제공된다. 이로써 역사상 최고의 탐정이 탄생하게 되는 것이다. 그를 방문하는 레스트레이드 경감과 다수의 인물들도 소개된다.

퇴역한 해병 하사관이 토비아스 그렉슨 형사의 편지를 홈즈에게 전달하면서 첫 번째 사건이 시작된다. 레스트레이드 형사의 경쟁자인 그렉슨 형사가 간밤에 로릭스턴 가든 3번지에서 발견된 변사체 수사를 위해 홈즈의 협조를 구하는 편지였다. 변사체는 '이녹 J. 드레버'라는 미국인이었다. 레스트레이드와 그렉슨 형사는 홈즈와 함께 사건 수사에 참여한다. 홈즈는 사건 현장이 제대로 보전되지 못하고 많은 발자국이 남겨져 있음을 발견한다. 실내에서는 원숭이 같은 얼굴의 드레버가 상처 없는 시체로 발견된다. 주변에 묻은 피는 범인의 피로 의심된다. 벽에는 피로 'RACHE'라는 글자가 쓰여 있다. 시체 주변에 결혼반지가 떨어져 있다.

홈즈가 신문 개인 광고란에 결혼반지를 주웠다는 광고를 내자 노파가 찾아온다. 노파는 딸이 서커스를 보러가다 잃어버린 반지라고 주장하며 반지를 찾아간다. 홈즈는 노파가 탄 마차에 올라타지만 노파는 홀연히 사라진다. 그러자 홈즈는 거리의 소년들을 모아 만든 베이커 스트리트 소년 탐정단에게 한 가지 임무를 내린다. 그때 그렉슨 형사가 와서 범인을 검거했다고 한다. 드레버가 묵었던 하숙집 아들인 샤펜티어 중위가 여동생을 희롱한 드레버를 쫓아가 살해했다는 것이었다. 레스트레이드 형사는 드레버의 비서인 조지프 스탠거슨을 범인으로 생각하고 뒤쫓았으나 그는 이미 호텔에서 살해당한 뒤였다.

스탠거슨의 살해 현장에도 'RACHE'라는 글씨가 피로 쓰여 있었다. 또 시체 주변에서 두 개의 알약이 발견되었다. 홈즈는 병이 들어 안락사를 기다리는 하숙집 개에게 알약을 차례로 먹여본다. 첫 번째 알약을 먹고 나서는 아무 이상이 없었으나 두 번째 알약을 먹자마자 개는 몸을 뒤틀며 죽는다. 이

실험을 통해 홈즈는 드레버가 독살되었음을 확신한다. 잠시 후 홈즈는 하숙집에 들어온 마부 제퍼슨 호프에게 수갑을 채워 두 형사에게 넘긴다. 홈즈가 베이커 가의 소년 탐정단을 시켜 제퍼슨 호프라는 이름의 마부를 찾아 하숙집으로 불러온 것이다.

### 제2부

범인 제퍼슨 호프가 드레버와 스탠거슨에게 복수를 한 이유가 설명된다. 2부는 1847년 5월 4일, 광활한 미국의 사막을 배경으로 전개된다. 미국의 사막지대를 여행하던 존 페리어는 일행이 모두 죽고 고아 소녀와 함께 시에라블랑코에서 죽음을 기다린다. 그때 두 사람을 구해준 것은 유타로 향하던 수만 명의 모르몬교도들이었다. 존 페리어는 모르몬교의 교리에 따를 것을 맹세한 후 그들의 도움을 받는다. 존 페리어는 고아 소녀를 양녀로 삼아 키우며 모르몬교도들과 새로운 땅에 정착한다.

하지만 양녀 루시 페리어가 아름다운 여인으로 성장하자 모르몬교도들이 루시를 욕심내기 시작한다. 한 달 안에 세력 있는 장로 집안인 드레버와 스탠거슨의 아들들 중 하나와 루시를 결혼시키라는 명령이 내려지자 존 페리어와 루시는 탈출을 결심한다. 그때 제퍼슨 호프라는 청년에게 마음을 준 루시는 탄광지대로 떠난 제퍼슨 호프에게 구원을 요청한다. 하지만 루시와 존 페리어는 모르몬교도들의 감시가 너무 심해 탈출하지 못한다. 예정된 한 달의 마지막 날 밤 제퍼슨 호프가 나타나 두 사람을 탈출시킨다. 하지만 탈출 도중 존 페리어는 모르몬교도들에게 죽임을 당하고 루시는 그들에게 끌려가 드레버와 강제로 결혼하게 된다.

상심한 루시가 드레버와 결혼한 지 한 달 만에 죽자 제퍼슨 호프가 나타나 그녀의 결혼반지를 빼간다. 그 뒤 제퍼슨 호프는 드레버와 스탠거슨을 맴돌며 복수를 시도한다. 하지만 번번이 복수는 실패로 돌아가고 제퍼슨 호프는 두 사람을 추적해 영국까지 오게 된다. 제퍼슨 호프는 영국에서 마부 생활을 하며 드레버를 찾아낸다. 그리고 술에 취한 그를 마차에 태워 빈집에 데려간다. 그곳에서 두 개의 알약으로 드레버를 심판한다. 드레버는 독이 든 알약을 선택해 숨을 거두게 된다. 대동맥류라는 심장 질환이 있던 제퍼슨 호프는 자신의 코피로 'RACHE'라는 글을 벽에 남긴다. 수사에 혼선을 주기 위해 조직 폭력배들의 살인처럼 위장한 것이다. 그의 비서 노릇을 하던 스탠거슨은 알약 먹기를 거부하다가 제퍼슨의 칼에 맞는다. 복수를 마친 제퍼슨 호프는 재판 전날 동맥류가 터져 숨을 거둔다.

## 『네 사람의 서명(1890)』

셜록 홈즈 시리즈의 두 번째 장편소설이다. 이 작품에는 몇
가지 주목할 점이 있다. 첫째는 셜록 홈즈가 마약중독자임을
명확히 밝혀주는 작품이라는 점이다. 이 소설은 셜록 홈즈가
수개월 동안 하루에 세 번씩 마약(7퍼센트 코카인)을 주사하는
묘사로 시작해 홈즈에게 남은 것은 코카인이라는 언급으로 끝
난다. 둘째는 왓슨 박사가 의뢰인 메리 모스턴양과 결혼해 홈
즈의 하숙집을 떠난다는 것이다. 홈즈는 결혼 결정을 알려주
며 떠나는 왓슨에게 차마 축하한다는 말을 못하겠다고 한다.
여성에 대한 혐오감과 절친한 파트너를 잃은 상실감 때문이었
을 것이다. 셋째는 이 소설이 당시 영국의 식민지였던 인도에
서 발생한 인종폭동을 배경으로 빅토리아 시대의 식민지 상황
을 묘사했다는 것이다. '세포이 항쟁(1857~1858)' 당시 네 사람
에 의해 숨겨진 보석을 둘러싸고 일어난 사건으로 작가 코난
도일의 역사소설에 대한 관심을 보여준다. 대략의 줄거리는
다음과 같다.

메리 모스턴 양이라는 젊고 아름다운 의뢰인에게 왓슨은 첫
눈에 반하고 만다. 그녀는 아버지 모스턴 대위의 실종 사건을
홈즈에게 의뢰한다. 인도에서 장교로 복무하던 모스턴 대위는
10년 전 영국을 방문하다 실종되었다. 그 후 4년 뒤 모스턴 양

의 소재를 찾는 신문광고가 실리면서 해마다 모스턴 양에게 진주 한 알이 배달된다. 그리고 모스턴 양에게 라이시엄 극장으로 찾아오라는 편지가 전달된다.

홈즈와 왓슨은 의뢰인 모스턴 양과 함께 라이시엄 극장을 찾아간다. 대기해 있던 마차를 타고 도착한 곳은 새디어스 숄토라는 대머리 남자의 저택이었다. 숄토는 자신이 지난 6년간 모스턴 양에게 진주를 보냈다고 말한다. 새디어스 숄토는 자신의 아버지인 숄토 소령이 모스턴 양의 아버지 모스턴 대위와 언쟁을 벌였고, 흥분한 모스턴 대위가 심장병으로 사망했음을 알려준다. 모스턴 대위의 시체를 숨긴 뒤 죄책감에 시달리던 숄토 대위는 아그라의 보석을 모스턴 양에게 나누어 주라는 유언을 남기고 숨을 거둔다. 하지만 쌍둥이 형 바솔로뮤의 반대로 숄토는 모스턴 양에게 진주 한 알씩만을 보내주었다. 숄토는 형을 설득해 모스턴 양을 돕기 위해 편지를 보낸 것이다.

숄토는 자신을 찾아온 세 사람(모스턴 양, 홈즈와 왓슨)과 함께 형 바솔로뮤의 집을 방문한다. 하지만 숄토의 쌍둥이 형 바솔로뮤는 밀실에서 독침에 맞은 시체로 발견된다. 지붕에 보석을 찾기 위해 뚫어놓은 작은 구멍만이 있을 뿐이었다. 홈즈는 존스 형사에게 범인의 이름과 인상착의, 그리고 특이한 공범에 대해 알려준다. 하지만 존스 형사는 집안의 모든 사람들을 용의자로 체포한다. 존스 형사와 반대로 홈즈는 과학수사에 착수한다. 먼저 토비를 빌려와 크레오소트가 묻은 현장 발자국 냄새를 맡게 한다. 토비는 결국 홈즈를 템스 강의 한 선착장으로 안내한다. 홈즈는 선장 아내와의 대화를 통해 범인이 이미 '오로라'라는 증기선을 타고 떠났음을 알게 된다. 늙은 선원으로 변장한 홈즈가 정비소를 뒤져 증기선을 찾고 빠른 경비정을 대기시킨다. 늦은 밤 증기선이 정비소를 떠나자 경비정이 추격을 시작한다. 피그미족 원주민은 증기선에서 독침을 발사하다 홈즈의 총에 맞아 숨을 거둔다.

마침내 증기선에 탔던 외발 남자는 체포되고 보석상자도 되찾게 된다. 외발 남자는 홈즈가 현장에서 지목했던 조나단 스몰이었다. 그는 인도 '세포이 항쟁'이라는 인종폭동 당시 아그라의 보석을 숨겼던 네 명 중 하나였다. 보석 운반인을 살해한 죄로 수감된 네 사람은 두 명의 간수인 모스턴 대위와 숄토 소령에게 보석의 비밀을 알려준다. 탈옥을 시켜주면 보석을 나눠준다는 조건이었으나 숄토 소령은 혼자 보석을 독차지한다. 숄토 소령을 찾아가 항의하던 모스턴 대위는 심장질환으로 사망하고, 죄수였던 조나단 스몰은 탈옥해 피그미와 함께 보석을 되찾은 것이다. 하지만 조나단 스몰은 체포되기 전 템스 강에 보석을 버린다. 왓슨은 모스턴 양과 결혼한 뒤 홈즈의 하숙집을 떠난다.

# 『바스커빌 가의 개(1901)』

추리문학뿐만 아니라 영문학사에서도 가장 뛰어난 작품 중
하나로 알려진 작품이다. 영국 황야를 떠도는 공포스러운 개
의 전설을 소재로 삼은 작품이다. 그런데 이 작품의 소재와 줄
거리가 누구의 것인가에 대한 논란도 많다. 작품이 처음 발표
된 1991년 8월판 『스트랜드 매거진』에는 다음과 같은 코난 도
일의 글이 실려 있다

> "이 이야기를 시작하게 된 데는 내 친구 플래처 로빈슨의 도
> 움이 컸다. 그는 기본적인 플롯뿐만 아니라 지역 정보에 대한
> 상세 내용들도 도와주었다."

이 글에 따르면 작품의 소재와 줄거리, 지엽적인 상세 내용
들이 플래처 로빈슨의 것이라고 생각할 수 있다. 셜록 홈즈가
라이헨바흐 폭포에서 죽은 후 8년의 대공백기를 깨고 발표하
는 작품이니만큼 코난 도일의 부담감은 컸을 것이다. 그러므
로 그가 플래처 로빈슨에게서 들은 매혹적인 이야기를 홈즈의
스토리로 재탄생시켰을 가능성이 크다.

이 장편은 코난 도일의 다른 세 편의 장편들과 달리 역사적
회상 부분이 없다. 이러한 구성상의 차이로 미루어 볼 때 나

는 이 작품이 코난 도일이 아닌 플래처 로빈슨이 구상한 작품이라고 추측한다. 또 하나 흥미로운 점은 이 작품에서는 홈즈보다 왓슨의 활약이 두드러진다는 점이다. 줄거리는 다음과 같다.

홈즈를 방문한 모티머 박사는 1742년에 쓰인 편지 한 장을 홈즈에게 건네준다. 편지에는 저주 받은 바스커빌 가에 대한 전설이 적혀 있었다.

잔인하고 무자비한 휴고 바스커빌은 근처 소작인의 딸을 납치해 자신의 저택 2층에 가둔다. 여자는 담쟁이덩굴을 타고 내려와 15킬로미터나 떨어진 집을 향해 황무지를 달린다. 휴고는 여자를 다시 잡아올 수만 있다면 악마에게 몸과 마음을 바치겠다고 맹세하며 사냥개들을 풀어 여자를 쫓는다. 하지만 친구들이 휴고 바스커빌을 따라가 보니 깊은 협곡 입구에서 사냥개들이 겁에 질려 낑낑대고 있었다. 협곡 안 공터에는 소작인의 딸이 공포에 질린 표정으로 죽어 있었고, 거대한 검은 짐승이 휴고의 목을 물어뜯고 있었다. 이를 목격한 한 친구는 공포에 질려 죽고 나머지 둘은 폐인으로 생을 마쳤다고 한다. 이 편지는 바스커빌의 후손들에게 악이 지배하는 어둠의 시간에는 황야에 나가지 말라는 경고를 담고 있다.

편지를 낭독한 모티머 박사는 최근 발생한 휴고 바스커빌의 후손인 찰스 바스커빌 경의 죽음에 대해 알려준다. 6월 4일 주목나무 길을 산책하던 그는 공포에 질린 시체로 발견되었다. 모티머 박사는 찰스 경의 신탁 관리자이며 유언 집행자로서 홈즈를 방문한 것이었다. 다음 날 아침 홈즈를 방문한 것은 찰스 바스커빌 경의 유산을 상속하기 위해 캐나다에서 온 헨리 바스커빌 경과 모티머 박사였다. 헨리 경은 런던에 오자마자 황야를 멀리하라는 익명의 협박편지를 받았다고 말한다. 홈즈는 모티머 박사, 헨리 경과 함께 왓슨을 바스커빌 저택이 있는 데번셔로 보낸다. 바스커빌에 묵은 다음 날 왓슨은 곤충채집을 하고 있던 박물학자 스테이플턴을 만나고 그의 누이동생도 만난다. 스테이플턴 양은 왓슨을 찰스 경으로 알고 황야에서 빨리 떠나라고 말한다.

왓슨은 일기에 배리모어가 탈옥수인 처남을 남미로 보낼 테니 경찰에 알리지 말라고 부탁한 일을 기술한다. 여기에 왓슨과 헨리 경이 동의하자 배리모어는 감사의 표시로 찰스 경의 죽음에 관련된 비밀 한 가지를 알려준다. 찰스 경은 L. L.이라는 이름의 여자를 기다리다 죽음을 맞았던 것이다. 왓슨은 L. L.이 프랭클린의 딸인 로라 라이언스 부인임을 알아내고 쿰트레이시로 그녀를 찾아간다. 그녀는 재정상의 도움을 얻기 위해 찰스 경을 만나기로 약속하지만 갑자기 다른 사람의 도움을 받게 되어 찰스 경을 만나러 가지 않았다고 진술한다. 오지 않는 그녀를 기다리다 찰스 경이 사망한 것이다.

왓슨은 황야의 바위산에 숨어있는 남자를 찾아가는데 그는 셜록 홈즈였다. 왓슨과 홈즈가 대화를 나누는 사이 헨리 경의 옷을 얻어 입은 탈옥수가 언덕에서 떨어져 죽는다. 홈즈는 그가 입은 헨리 경의 양복을 보고 범인이 헨리 경을 노리고 있다고 확신한다. 왓슨과 함께 바스커빌의 저택을 방문한 홈즈는 휴고 바스커빌의 초상화가 스테이플턴의 얼굴과 닮았다고 생각한다. 황야의 박물학자 스테이플턴이 바스커빌의 후손이며 상속자 중 하나였던 것이다.

홈즈는 헨리 경에게 스테이플턴의 집에서 저녁식사를 한 후 혼자 황야를 걸어오라고 하고는 왓슨과 함께 런던으로 떠난다. 하지만 그는 쿰 트레이시로 가서 로라 라이언스 부인을 인터뷰한다. 홈즈는 그녀가 스테이플턴의 유혹에 빠져 찰스 경에게 편지만 보내고 나타나지 않았다는 사실을 알아낸다. 그녀 대신 사냥개를 데리고 가서 찰스 경을 심장마비로 사망하게 만든 것은 스테이플턴이었다. 홈즈는 바스커빌 가에 돌아오는 길에 자신의 연락을 받고 런던에서 온 레스트레이드 형사를 만난다. 홈즈와 왓슨, 레스트레이드 형사는 황야에 있는 스테이플턴의 집으로 간다. 집 안에는 스테이플턴과 헨리 경이 있었다. 늦은 밤 짙은 안개를 헤치고 헨리 경이 스테이플턴의 집에서 나오자 거대한 사냥개가 그를 추격한다. 홈즈와 왓슨은 헨리 경을 공격하는 사냥개에게 권총을 발사해 가까스로 헨리 경의 목숨을 구한다. 스테이플턴의 여동생으로 알려졌던 여인은 집안 기둥에 묶여 있었다. 그녀는 사실 스테이플턴의 부인이었으나 스테이플턴이 상속 경쟁자들을 죽이기 위해 여동생으로 속인 것이다. 홈즈는 스테이플턴이 황야의 늪에 빠져 죽었다고 생각한다.

## 『공포의 계곡(1914)』

제1차 세계대전이 발발한 1914년부터 「스트랜드 매거진」에 연재된 셜록 홈즈의 마지막 장편 소설이다. 코난 도일은 이 소설에서 역사소설가로서의 자질을 아낌없이 발휘한다. 이 소설은 1, 2부로 나뉘어 있는데 2부에서는 1880년대 몰리 머과이어스(Molly Maguires)의 역사를 작품의 배경으로 삼는다. 당시 펜실베니아 탄광 지대의 노동자 분규에 연루된 비밀조직이 바로 몰리 머과이어스다.

### 1부

모리아티의 부하인 플록이 홈즈에게 편지를 보내 벌스턴에 사는 더글라스가 위험에 처했다고 경고한다. 그런데 맥도널드 경위는 지난밤에 벌스턴에서 살인 사건이 일어났다고 알려준다. 살인 사건이 일어난 장소는 서식스 주 벌스턴에 있는 고성이다. 한때 폐가로 버려졌던 고성을 사들여 수리한 이는 살인 사건의 피해자인 더글라스다. 더글라스는 이 성에서 얼굴에 산탄총을 맞아 형체를 알아볼 수 없는 참혹한 시체로 발견된다.

맥도널드 경위와 함께 벌스턴에 도착한 홈즈는 서식스 주의 메이슨 형사와 현장을 조사한다. 홈즈는 형사들에게 수사를 중단하라고 한다. 해자의 물을 빼고 바닥을 수색할 것이라는 사실을 피해자 가족에게도 알리라고 한다. 그날 밤 잠복하던 홈즈와 형사들은 해자에서 아령을 매단 옷 꾸러미를 건지던 바커를 검거한다. 홈즈와 형사들이 바커를 심문하던 중 숨어있던 더글라스가 모습을 나타낸다. 더글라스는 산탄총에 얼굴이 손상된 시체가 자신을 죽이려고 숨어든 살인자의 시체라고 말한다. 더글라스는 침입자와 몸싸움을 하다 침입자를 죽인다. 그리고 바커와 함께 침입자의 옷을 아령에 매달아 해자에 버린 뒤 시체에 자신의 옷을 입힌 것이다.

### 2부

더글라스가 왓슨에게 건네준 서류뭉치를 통해 1880년대 미국 탄광 노동자 조직인 몰리 머과이어스와 핑커톤 탐정의 역사가 펼쳐진다.

　더글라스의 본명은 존 맥머도다. 시카고에서 금화 위조를 하다 사람을 죽이고 도주한 맥머도는 피할 곳을 찾아 펜실베니아 버미사 계곡의 탄광촌으로 들어간다. 시카고에서 '프리맨단'이라는 비밀 조직의 회원이었던 그는 탄광에서도 같은 조직에 가입한다. 그런데 '스코러즈'라는 별명을 가진 탄광 지역의 프리맨단은 지역 주민들을 착취하는 살인조직이었다. 스코러즈는 자신들의 비리를 폭로하는 지역 신문사 편집장을 테러한다. 맥머도가 지휘하는 최초의 임무는 체스터 윌콕스라는 현장 감독 가족을 몰살하는 것이었다. 하지만 낌새를 챈 일가족이 전날 피신하는 바람에 피해자가 발생하지 않는다.

　5월의 어느 토요일 저녁, 핑커톤 탐정 사무소의 최고 실력자가 탄광촌에 잠입했다는 정보를 얻은 맥머도는 긴급회의를 열어 해결책을 제시한다. 일곱 명의 간부들이 잠복한 외딴 집에 버디 에드워즈를 유인하는 방법이었다. 일곱 명의 간부들이 외딴 빈집에 잠복하자 맥머도가 탐정을 맞으러 밖으로 나간다. 그런데 문을 열고 들어온 핑커톤의 탐정은 바로 맥머도 본인이었다. 탐정 버디 에드워드가 맥머도로 위장해 조직에 침투했던 것이다. 간부들은 모두 체포되고 조직은 와해되었다. 대부분의 간부들은 사형을 당하지만 형을 마치고 나온 조직원들이 복수를 하기 위해 맥머도를 찾아다닌다. 맥머도였던 탐정 버디 에드워드는 하숙집 딸과 결혼한 뒤 스코러즈 조직원들의 추적을 피해 캘리포니아로 이주한다. 하지만 부인이 죽자 이름을 바꾸고 영국으로 이주한다. 글래더스는 법원에서 정당방위를 인정받아 석방되지만 남아프리카로 항해하던 배에서 떨어져 실종된다.

이와 같은 네 편의 장편 외에 56편의 단편들은 몇 가지 기준으로 분류해 볼 수 있는데, 여기서는 크게 홈즈가 왓슨을 만나기 이전의 작품과 홈즈와 왓슨이 함께 활동했던 작품, 홈즈 부활 이후의 작품들로 간단히 정리해본다.

## 홈즈가 왓슨을 만나기 이전의 작품

### a. 〈글로리아 스콧 호(1893)〉

이 작품은 홈즈가 해결한 최초의 사건을 다뤘다는 점에서 의미가 있다. 홈즈의 대학 시절과 홈즈가 왓슨을 만나기 이전의 모습이 언급된 점도 흥미롭다.

대학에 다니는 2년 동안 트레버는 홈즈의 유일한 친구다. 방학 때 트레버의 집을 방문한 홈즈가 트레버 아버지에 관해 추리하자 트레버 아버지는 홈즈가 갈 길은 사실과 거짓을 간파하는 일이라고 말한다.

다음 날 뱃사람 허드슨이 트레버의 아버지를 찾아온다. 트레버의 아버지는 쩔쩔매면서 허드슨을 환대하지만 그는 빚쟁이처럼 오만하게 행동한다. 악마 같은 허드슨은 온 집안 식구를 괴롭히다가 트레버 아버지의 친구인 배도스 씨에게 떠난다. 허드슨이 떠난 다음날 한 통의 암호 편지를 받은 트레버의 아버지는 뇌졸중에 걸려 쓰러진 뒤 숨을 거둔다. 홈즈는 트레버의 부탁을 받고 트레버의 아버지가 쓰러진 원인을 밝힌다. 홈즈가 암호를 해독한 뒤 트레버 아버지의 유서가 발견되면서 비밀이 밝혀진다.

죄수가 되어 오스트리아행 범선 글로리아 스콧 호에 실려가던 트레버의 아버지는 죄수들의 반란에 가담해 선장과 군인들을 죽이고 자유를 얻는다. 그런데 그 반란에서 살아남은 뱃사람 허드슨이 트레버의 아버지를 찾아와 과거의 비밀을 폭로하겠다고 협박한다. 반란에 함께 가담했던 배도스 씨는 허드슨이 비밀을 폭로했다고 생각하고 트래버 아버지에게 암호편지를 보낸 뒤 잠적한다. 홈즈는 배도스 씨가 허드슨을 죽이고 달아났다고 믿는다.

### b. 〈머즈그레이브 전례문(1893)〉

이 작품에서는 보물의 위치를 문답의 형식으로 묘사한 '머즈그레이브 전례문'을 둘러싸고 미스터리한 사건이 벌어진다.

T. S. 엘리엇이 『대성당의 살인』에 인용할 정도로 유명한 작품이며 셜록의 추종자들인 '베이커 스트리트 이레귤러스(Baker Street Irregulars)'가 집회를 가질 때 이 작품의 의식문을 낭독하기도 한다.

홈즈와 같은 대학에 다니면서 안면이 있던 레지널드 머즈그레이브가 사건을 의뢰한다. 집사 브런턴을 둘러싸고 헐스턴 저택에서 일어난 기이한 일들인데 경찰도 해결하지 못한 일이었다. 20년간 집사로 일한 집사 브런턴은 레이첼 하월스라는 하녀와 사귀다 다른 여자를 사귀면서 문제를 야기한다. 그는 한밤중 서재에서 '머즈그레이브 전례문'을 훔쳐보다가 머즈그레이브에게 발각되어 해고당한다. 일주일 안에 떠나라는 경고를 받은 그는 사흘째 되는 날 모든 짐을 놔둔 채 감쪽같이 사라진다. 집사 브런턴이 실종된 지 사흘 뒤 그를 사랑하던 하녀 레이첼 하월스도 사라진다.

홈즈는 의식문의 문답에 해답이 숨겨져 있으며 그것을 최초로 알아낸 것이 집사 브런턴이었다고 생각한다. 홈즈는 의식문 문답에 숨겨진 수수께끼를 풀어가며 머즈그레이브 선조들이 헐스턴 저택에 숨긴 보석을 찾는다. 그런데 보석이 숨겨진 지하방에 들어서는 순간 집사 브런턴이 숨진 채 발견된다. 홈즈는 하녀 레이첼 하월스가 지하방 뚜껑을 닫아 변심한 애인 브런턴에게 복수한 것이라고 단정한다.

## 홈즈와 왓슨이 함께 등장한 홈즈 사망 이전의 작품들

### c. 〈얼룩 띠의 비밀(1892)〉

〈얼룩 띠의 비밀(The Adventure of the Speckled Band)〉은 홈즈의 작품 중 가장 괴기스럽고 뛰어난 밀실 살인 사건이다. 치타와 개코원숭이가 어슬렁거리는 200년 된 집, 한밤중에 들려오는 휘파람 소리, 잠긴 방안에서 숨진 채 발견되는 젊은 여성. 극적 요소를 모두 갖춘 이 작품은 연극으로도 공연되어 큰 성공을 거두었다. 이 작품 외에 홈즈가 해결한 밀실 살인 사건으로는 〈빈집의 모험〉과 『공포의 계곡』이 있다.

이른 아침 흥분한 젊은 숙녀가 홈즈의 하숙집 문을 두드린다. 그녀는 계부와 한 집에 사는 헬렌 스토너라는 여성이다. 2년 전에 계부와 함께 살던 쌍둥이 자매 줄리아가 결혼을 보름 앞두고 숨진다. 그런데 줄리아가 죽기 직전 들었던 휘파람 소리가 간밤에 울리자 의뢰인이 공포에 질려 달려온 것이다.

의뢰인 헬렌 스토너가 떠나고 나서 로일럿 박사가 홈즈를 찾아와 집안일에 간섭하지 말라고 경고한다. 홈즈는 의뢰인 어머니의 유언장을 조사한 뒤 로일럿 박사가 연금을 받기 위해 의뢰인 자매의 결혼을 막으려 한다고 생각한다. 의뢰인을 보호하기 위해 홈즈와 왓슨은 로일럿 박사의 외출을 틈타 의뢰인의 방에 잠복한다. 그날 밤 로일럿 박사의 방과 의뢰인의 방을 연결하는 환기구에서 얼룩 띠와 같은 물체가 기어 나온다. 그것은 치명적인 인도의 늪살모사였다. 홈즈가 회초리로 살모사를 쫓아버리자 건너편 로일럿 박사의 방에서 비명소리가 들려온다. 로일럿 박사가 자신의 살인 무기에 물려 죽음을 당한 것이다.

### d. 〈보헤미아 왕국 스캔들(1891)〉

셜록 홈즈 단편들 중 최초로 「스트랜드 매거진」에 발표된 작품이다. 이 작품에는 아이린 애들러라는 여성이 등장하는데 홈즈가 유일하게 존경하는 여성이다. 그녀는 오페라 가수이며 보헤미아왕의 애인이다. 보헤미아왕이 그녀를 배반하고 다른 여자와 결혼하려 하자 아이린 애들러는 왕과 같이 찍은 사진을 공개하겠다고 협박한다. 위협을 느낀 보헤미아의 왕은 홈즈를 찾아와 자신이 그녀에게 보낸 편지들과 사진을 찾아달라고 부탁한다.

홈즈는 아이린 애들러를 미행하다 엉겁결에 그녀의 결혼식 증인이 된다. 서둘러 사진을 훔치기로 결심한 홈즈는 자신이 고용한 인파들로 골목에서 난동을 벌이며 그녀의 집에 들어간다. 사진의 위치를 파악한 홈즈는 다음날 의뢰인 보헤미아왕과 같이 아이린의 집을 방문하지만 아이린은 이미 유럽으로 떠난 뒤였다.

## e. 〈다섯 개의 오렌지 씨앗(1891)〉

이 단편에서 홈즈는 의뢰인을 보호하지 못하고 범인도 잡지 못해 자존심에 금이 가고 만다. 홈즈는 자신을 방문한 의뢰인에게 그때까지 실패한 네 편의 사건을 이야기해 주는데, 결국 이 사건도 실패하고 만다.

몇 년 전 의뢰인 존 오픈쇼의 큰아버지는 오렌지 씨앗 다섯 개가 든 편지를 받은 후 사망했다. 큰아버지의 유산을 물려받은 아버지도 오렌지 씨앗이 든 편지를 받고 의문의 죽음을 맞았다. 의뢰인 존 오픈쇼는 아버지가 받았던 편지와 똑같은 편지를 받고 겁에 질려 홈즈를 방문한다.

홈즈는 의뢰인의 큰아버지가 'KKK'의 명부와 일기장을 가지고 영국에 왔으며 'KKK'가 그것을 찾으려 한다고 추리한다. 의뢰인의 큰아버지와 아버지에게 온 편지의 발신지가 모두 항구도시라는 공통점, 그리고 편지가 발신된 후 신속하게 살인이 일어났다는 점으로 미루어 의뢰인에게 조심하라고 경고한다. 하지만 그날 밤 집으로 향하던 의뢰인은 강에 빠진 시체로 발견되고 범인들은 론스타 호를 타고 출항한다. 한 가지 위안이 되는 것은 범인들이 탄 론스타 호가 강풍을 만나 대서양에 가라앉았다는 사실이다.

### f. 〈붉은 머리 연맹(1891)〉

범죄를 저지르기 위해 거절할 수 없는 좋은 조건으로 주인을
꾀어 점포에서 내보낸 뒤 지하실에서 땅굴을 파는 플롯이다.
이와 비슷한 플롯의 단편으로 〈증권거래소 직원(The Adventure
of the Stockbroker's Clerk)〉과 〈세 명의 개리뎁〉이 있다.

사건을 의뢰하러 온 붉은 머리 남자는 작은 전당포 주인인
제이비즈 윌슨이었다. 붉은 머리 연맹에 가입한 그가 많은 보
수를 받으며 한 일은 백과사전을 베끼는 것이었다. 그런데 갑
자기 붉은 머리 연맹이 폐쇄되자 당황해서 홈즈를 찾아온 것
이었다.

홈즈는 윌슨 씨의 전당포 뒤에 은행이 있는 점, 윌슨 씨 직
원의 바지에 흙이 묻어있으며 지하실에 자주 내려가는 점에
비추어 범인이 은행 강도임을 짐작한다. 은행 금고에 잠복해
있던 홈즈는 땅굴을 통해 들어오는 존 클레이라는 은행 강도
를 체포한다. 존 클레이는 윌슨 씨의 전당포에 취직한 뒤 그가
자리를 비울 때마다 지하실에서 은행으로 통하는 땅굴을 판
것이다.

### g. 〈푸른 석류석(1882)〉

이 단편은 크리스마스를 배경으로 일어난 보석 도난 사건이
다. 홈즈가 "지금은 용서의 계절"이라며 범인을 용서해주는 결

말을 통해 훈훈한 명절 분위기를 느낄 수 있다.

피터슨이라는 남자가 거리에서 습득한 모자와 거위 한 마리를 홈즈에게 가져온다. 왼발에 '헨리 베이커 부인에게'라는 꼬리표가 붙은 거위는 피터슨의 식탁에 올려지고 'H. B.'라는 글자가 쓰인 모자는 홈즈의 추리 대상이 된다.

홈즈와 왓슨이 모자 추리를 즐길 때 거위를 가져갔던 피터슨이 거위의 모래주머니에서 나온 보석을 가져온다. 홈즈는 그것이 닷새 전에 코스모폴리탄 호텔에서 도난당한 모카 백작 부인의 푸른 석류석이라고 말한다. 배관공인 존 호너가 보석을 훔친 혐의를 받고 있었다. 홈즈가 개인 광고란에 거위와 모자를 주웠다는 광고를 하자 모자의 주인인 헨리 베이커가 홈즈를 찾아온다. 그의 거위는 코번트 가든의 상인에게서 사온 것이었다. 상인을 찾아간 홈즈는 우연히 그 거위의 행방을 물으러 온 제임스 라이더를 발견하고 그가 범인임을 알아낸다. 호텔의 수석 종업원인 범인은 훔친 보석을 거위에게 먹여 누나에게 맡겼는데, 누나가 상인에게 거위를 팔아버린 것이었다. 홈즈는 용서의 계절인 크리스마스라며 범인을 용서해준다.

### h. 〈경주마 은점박이(1892)〉

이 작품에서 홈즈는 '밤새 개에게 일어난 이상한 일'이라는 말을 하는데 이 말은 '부정 추리'를 대표하는 말이 되었다. 또 마방 안의 양 세 마리가 절뚝이는 것을 보고 조련사가 말 인대를 끊는 연습을 했다는 놀라운 추리를 한다.

홈즈는 왓슨과 함께 우승 예상마가 실종되고 조련사가 살해당한 현장으로 간다. 기차에서 홈즈는 말이 도난당한 로스 대령의 마방에서 일어난 사건을 설명한다. 밤 9시쯤 네드 헌터라는 청년이 혼자서 마방을 지켰고 하녀가 그에게 저녁식사를 가져다준다. 그때 황야에서 나타난 피츠로이 심슨이라는 남자가 은점박이의 승률에 대해 물어보다가 헌터에게 쫓겨난다. 그 말을 듣고 걱정이 된 조교사 존 스트레이커는 새벽 1시에 나갔다가 다음날 아침 마방에서 400미터 떨어진 구덩이에서 시체로 발견된다. 마방에서는 헌터 청년이 약에 취해 쓰러져 있었고 '은점박이'가 사라진다.

마방 다락에서 자고 있던 두 청년은 밤새 아무 소리도 듣지 못했다고 한다. 홈즈는 살인자를 찾는 것보다 말의 행방을 밝히는 것이 먼저라며 말 발자국으로 사일러스 브라운의 케이플턴 마방에서 '은점박이'를 찾는다. 홈즈는 로스 대령 몰래 '은점박이'를 경마에 출전시키고 로스 대령과 함께 경마장에 간다. 경마장에서 갈색으로 위장한 '은점박이'는 우승을 거둔다. 경기가 끝나자 홈즈는 우승마를 범인으로 지목한다.

'은점박이'가 자신의 조련사를 살해한 경위는 다음과 같다. 여자 문제로 빚더미에 오른 조련사 존 스트레이커가 마약 가루가 든 양고기 카레로 헌터를 잠들게 한 후 '은점박이'를 끌고 나온다. 그는 황야에 떨어진 심슨의 넥타이가 쓸모가 있으리라 생각하고 줍는다. 그는 '은점박이' 다리의 인대를 끊어 승부를 조작하기 위해 성냥을 켜다가 놀란 말의 발에 채여 사망한다.

### i. 〈마지막 사건(1893)〉

작가 코난 도일은 이 단편에서 홈즈를 죽게 함으로써 독자들에게 커다란 슬픔과 상처를 안겨주었다.

어느 날 홈즈가 불안한 표정으로 왓슨을 찾는다. 그는 창가를 살피며 공기총이 두렵다고 말한다. 홈즈는 왓슨에게 악당 모리아티 교수에 대해 설명한다. 모리아티는 범죄계의 나폴레옹이라 할 만큼 강력한 범죄 조직을 가진 천재적 악당이다. 이 작품이 모리아티 교수가 직접 등장하는 유일한 작품이다. 모리아티 교수는 홈즈를 방문해 홈즈가 자신의 업무에 많은 지장을 주고 있다고 한다. 그는 홈즈에게 자신의 일에서 손을 떼라고 경고하지만 홈즈는 이를 거절한다. 이후 홈즈에게 위험한 사건들이 이어진다.

마침 부인이 외출 중이었던 왓슨은 그날 밤 홈즈를 따라 일주일간 유럽에 다녀오기로 한다. 홈즈가 시킨 대로 대기 중인 마차를 타고 대륙행 특급열차에 오른 왓슨은 늙은 성직자로 변장한 홈즈를 만난다. 홈즈와 왓슨은 그날 밤 브뤼셀까지 가서 이틀을 묵은 뒤, 사흘째는 프랑스 동부에서 런던 경찰국에 전보를 친다. 홈즈는 모리아티의 잔당이 모두 잡혔지만 모리아티 교수만 달아났다고 분노한다. 홈즈는 왓슨에게 위험하니 돌아가라고 하지만 왓슨은 스위스 마이링겐의 라이헨바흐 폭포까지 홈즈를 동행한다. 폭포로 가는 길에 왓슨은 병자의 호출을 받고 급히 호텔로 내려가지만 근거 없는 호출이었다. 다시 라이헨바흐 폭포로 올라온 왓슨은 홈즈의 지팡이와 유서를 발견한다.

## 홈즈가 부활한 이후의 작품들

### j. 〈빈집의 모험(1903)〉

1903년 발표된 단편으로 라이헨바흐 폭포에서 떨어져 죽은 셜록 홈즈를 부활시킨 첫 작품이다. 죽은 줄 알았던 셜록 홈즈가 늙은 서적상으로 변장해 돌아오자 왓슨은 기절하고 만다. 홈즈의 마지막 순간과 3년간의 행적은 다음과 같다.

홈즈는 왓슨에게 마지막 인사 편지를 남기고 숙적 모리아티와 함께 라이헨바흐 폭포 쪽으로 걸어 들어간다. 폭포 난간에서 두 사람은 서로 마주잡고 몸싸움을 벌인다. 홈즈는 무술로 모리아티의 손아귀에게서 빠져나오고 모리아티는 폭포 아래로 떨어진다. 홈즈는 모리아티 부하들의 추적을 따돌리기 위해 폭포를 기어 올라간다. 그때 모리아티의 부하 중 하나인 모런 대령이 그를 발견하고 폭포 위에서 바위를 떨어뜨린다. 하지만 홈즈는 위기를 벗어나 폭포에서 탈출한다.

홈즈는 2년간 티벳 여행을 하고 시예르손이라는 노르웨이인 이름으로 탐험기를 발표한다. 페르시아의 메카, 수단의 하르툼을 방문하고 파리에서 몇 달간 콜타르 유도체를 연구하기도 한다. 런던에서 파크레인 미스터리 사건이 발생했다는 소식을 듣고 홈즈는 베이커 스트리트로 돌아온다. 그 사건은 로널드 아데어가 3층에 있는 잠긴 방에서 리볼버 팽창 탄환에 맞아 머리가 으스러진 시체로 발견된 밀실 살인 사건이다.

이어 모런 대령을 체포하는 과정이 이어진다. 홈즈는 늙은 서적상으로 변장해 왓슨을 찾아온다. 홈즈는 왓슨을 데리고 자신의 하숙집 맞은편 빈집에 잠복한다. 홈즈의 하숙집 창문에는 홈즈의 그림자가 드리워져 있다. 홈즈를 닮은 밀랍 흉상을 창가에 세워두고 허드슨 부인이 15분마다 조금씩 움직인 것이다. 밤이 깊어지자 빈집에 총을 든 모런 대령이 나타난다. 그는 홈즈의 그림자가 비친 창문을 향해 방아쇠를 당긴다. 그러자 잠복했던 홈즈와 왓슨, 레스트레이드 경위가 나타나 모런 대령을 체포한다. 홈즈는 그가 로널드 아데어를 죽인 범인임을 밝힌다.

## k. 〈브루스 파팅턴 호 설계도(1908)〉

이 단편에서는 홈즈의 형 마이크로프트가 두 번째로 모습을 나타낸다. 홈즈는 때로 마이크로프트 형 자체가 영국 정부라며 그의 중요성을 강조한다.

월요일 밤 약혼녀 바이올렛 웨스트베리 양을 거리에 남겨두고 사라진 캐도곤 웨스트라는 청년이 다음날 아침 지하철에서 시체로 발견된다. 그의 시체에서는 브루스 파팅턴 잠수함의 설계도 7개가 발견된다. 나머지 3개의 설계도를 찾는 것이 홈즈의 임무다. 홈즈는 영국에 있는 모든 국제스파이의 명단을 보내달라고 형 마이크로프트에게 전보를 친다. 그리고 브루스 파팅턴 호의 책임자인 제임스 월터 경을 찾아가지만 그는 이미 자살한 뒤였다. 홈즈는 다시 파팅턴 호 프로젝트 사무실을 방문해 고참 사무원인 시드니 존슨을 만난다. 그때 마이크로프트로부터 국제스파이 세 명의 주소가 도착한다.

홈즈는 지하철 노선에서 가까운 곳에 사는 스파이인 오베르슈타인의 집에 침입해 수색한다. 오베르슈타인은 이미 잠적했지만 그의 집 창틀에서 핏자국이 발견된다. 다음날 아침 신문에 나온 범인의 광고 연락을 보고 홈즈는 오베르슈타인의 집에 잠복해 범인을 잡는다. 범인은 자살한 제임스 경의 동생이었다. 돈에 쪼들리던 그는 형의 열쇠를 복사해 설계도를 훔치고 오베르슈타인에게 주었다. 설계도를 훔치는 장면을 목격한 캐도곤은 오베르슈타인의 집까지 따라왔다가 오베르슈타인에게 살해당한 뒤 창틀에서 기차 지붕으로 던져진 것이다. 홈즈는 다른 설계도를 넘기겠다는 편지로 오베르슈타인을 유인해 체포한다.

## I. 〈악마의 발(1910)〉

〈악마의 발(The Adventure of the Devil's Foot)〉에서 홈즈는 예술가로서의 유희를 위해 사건을 해결한다. 이 사건에서 그는 스스로 최후의 판결관이자 배심원이 되어 살인범을 용서하고 방면한다.

1897년 봄, 격무에 시달리던 홈즈는 왓슨의 권유를 받아들여 지방 별장으로 휴양을 떠난다. 콘월 반도의 트리대닉이라는 작은 마을에서 홈즈는 목사 라운드헤이와 부유한 신사 모티머 트리제니스와 사귄다. 그런데 어느 날 아침 두 사람이 홈즈를 찾아온다. 지난밤에 트리제니스와 함께 카드놀이를 했던 누이 브렌다가 죽고 두 형제가 이성을 잃는 괴이한 사건이 발생했기 때문이다.

홈즈는 해안가를 산책하던 중 아프리카의 사자 사냥꾼이자 탐험가인 리온 스턴데일 박사를 만난다. 여행에서 돌아온 그는 방갈로에서 은둔자처럼 지내고 있었다. 스턴데일 박사는 아직 신문에도 발표되지 않은 사건에 대해 홈즈에게 묻는다.

그리고 다음 날 아침 목사관에서 하숙하고 있던 트리제니스가 누이동생과 같은 모습으로 사망한다. 홈즈는 트리제니스가 사망한 목사관 안에 있는 램프에서 그을음을 긁어 담는다. 홈즈는 왓슨과 함께 실험을 통해 목사관 램프의 그을음에서 독가스가 나왔음을 확인한다. 이를 통해 첫 번째 살인 사건에서는 벽난로에서 독가스가 나왔고, 두 번째 사건에서는 램프에서 독가스가 나왔다고 추리한다. 사자 사냥꾼 스턴데일을 범인으로 지목한 홈즈는 그에게서 범행을 자백 받는다. 트리제니스가 스턴데일에게서 훔친 '악마의 발'이라는 독가루를 벽난로에 넣어 브렌다를 죽이고 두 형제를 미치게 한 것이다. 스턴데일은 사랑하던 브렌다를 죽인 트리제니를 심판하기 위해 트리제니의 램프에 독가루를 넣었다. 홈즈는 스턴데일이 정의를 실현했다고 하며 그를 용서한다.

### m. 〈춤추는 사람들(1903)〉

이 작품은 춤추는 사람 모양의 흥미로운 암호 체계로 유명하다. 힐튼 큐빗이라는 이름의 의뢰인이 춤추는 사람이 그려진 종이를 들고 홈즈를 찾아온다. 그는 1년 전 결혼한 아내가

〈춤추는 사람들〉에 등장하는 암호문의 일부.

창문에 그려진 춤추는 사람을 보고 충격을 받았고, 해시계 위에 놓인 춤추는 사람 종이를 보고는 기절했다고 말한다. 며칠 뒤 힐튼 큐빗은 새로운 암호문들을 보여준다.

이틀 뒤 의뢰인의 편지를 읽은 홈즈는 서둘러 의뢰인의 집으로 향한다. 하지만 이미 의뢰인 힐튼 큐빗은 자신의 집에서 총에 맞아 사망했고 부인도 총상을 입어 중태였다. 창문은 안에서 잠겨있었고 권총에서는 두 발의 총알이 발사되었다. 암호 해독을 통해 범인의 이름을 알아낸 홈즈는 암호 편지로 범인을 유인해 체포한다. 범인은 미국 시카고의 갱단이었던 에이브 스레이니였다. 자신의 약혼녀가 영국으로 도망 와 의뢰인 힐튼 큐빗과 결혼한 것을 안 스레이니는 암호를 보내 그녀에게 미국으로 갈 것을 요구한 것이다.

의뢰인의 부인이 슬레이니의 요청을 거절하자 슬레이니는 창문으로 그녀를 끌어내려다 남편과 총격전이 벌어진다. 남편이 먼저 권총을 발사하자 슬레이니도 권총을 발사한다. 이때 의뢰인의 부인은 즉시 창문을 안으로 걸어 잠근다. 하지만 남편이 이미 사망한 것을 알고 그녀는 남편의 권총으로 자살을 시도한다.

## n. 〈여섯 개의 나폴레옹 석고상(1904)〉

〈여섯 개의 나폴레옹 석고상(The Adventure of the Six Napoleons)〉

은 홈즈의 추리보다 나폴레옹 석고상만을 부수고 다니는 범죄의 설정이 훨씬 더 흥미로운 경우다. 홈즈는 사건을 부탁하는 의뢰인도 없이 경험 삼아 사건을 해결하는 데 이와 같은 사건으로는 『주홍색 연구』 『공포의 계곡』 〈라이게이트의 지주들〉 〈블랙 피터(The Adventure of Black Peter)〉 〈금테 코안경(The Adventure of the Golden Pince-Nez)〉 등이 있다.[20]

런던 경찰국의 레스트레이드 경위는 홈즈를 방문해 나폴레옹 석고상과 관련한 기묘한 사건을 이야기해 준다. 모스 허드슨 가게의 석고상, 바니콧 박사의 석고상이 차례로 파괴된 뒤 세 번째 사건 현장에서 깨진 석고상과 함께 시체가 발견된다. 홈즈는 석고상을 판 소매상과 석고상 제조 공장을 찾아 구매자 명단을 얻는다. 같은 형틀로 뜬 다른 석고상들의 구매자들을 추적한 홈즈는 석고상을 구매한 사람에게 속달 우편을 보내 밤새 방문을 잠그고 나오지 말 것을 당부한다. 홈즈는 그날 밤 레스트레이드 경위와 함께 석고상을 산 사람의 집에 잠복해 석고상 도둑을 잡는다.

석고상 도둑은 이탈리아인 건달 베포였다. 베포가 훔친 석고상에서 아무 것도 찾지 못한 홈즈는 마지막 석고상을 구매한다. 그 석고상 안에서 홈즈가 꺼낸 것은 데이커 호텔에서 분실된 '보르자의 흑진주'였다. 베포가 왕자비의 하녀가 훔친 보석을 나폴레옹 석고상에 숨기자 하녀의 오빠가 보석을 되찾으려다가 석고상을 훔치는 현장에서 베포에게 살해당한 것이다. 홈즈는 자신의 추리로 되찾은 흑진주를 금고에 넣는다.

## o. 〈토르 교 사건(1922)〉

〈토르 교 사건(The Problem of Thor Bridge)〉은 연못 위의 다리를 배경으로 일어난 밀실 살인 사건이다. 사랑의 감정이 이성적 판단을 방해한다는 홈즈의 소신을 뒷받침하는 치정 사건이기도 하다.

황금왕 닐 깁슨의 아내가 매력적인 가정교사에게 살인 누명을 씌우려고 살인을 위장한 자살을 저지른다. 긴 끈의 한쪽 끝에 권총을 매달고 다른 끝에는 돌멩이를 매달아 난간 너머 연못 위에 늘어뜨린다. 권총이 발사되는 순간 권총이 무거운 돌멩이에 끌려가 연못 속에 숨겨지는 트릭이다.

이 방법은 오스트리아의 범죄학 교수였던 한스 그로스 박사가 『범죄 수사관을 위한 편람』에 소개한 자살 방법과 동일하다. 가족들에게 거액의 생명보험금이 돌아가게 해주기 위해 A. M.이라는 남성이 타살을 가장한 자살을 한 사건인데, 코난 도일은 〈토르 교 사건〉을 쓰기 전에 이 일화를 읽은 것 같다.[21] 이 작품에는 독특한 자살법 외에는 별다른 추리나 수사 기법이 사용되지 않는다. 사건의 개요는 다음과 같다.

질투심에 가득한 깁슨의 아내는 가정교사 던바 양에게 비밀 편지를 보내 다리 위에서 만나자고 한다. 던바 양의 응답 편지는 해시계 위에 몰래 올려놓으라고 한다. 깁슨의 아내는 다리 위에서 던바 양을 만난 뒤 쌍둥이 권총 중 하나를 던바 양의 옷장에 숨겨놓는다. 그리고 다리로 돌아와 나머지 권총을 돌맹이에 묶어 타살을 위장한 자살을 한다. 자살한 여인의 손에는 던바 양의 편지가 쥐어져 있었다.

### p. ⟨마지막 인사(1917)⟩

제1차 세계대전이 끝나가는 시기에 발표된 작품이다. 은퇴해 전원생활을 하며 양봉과 철학을 즐기던 홈즈는 조국을 위해 이중 스파이 역할을 한다. 특별한 추리나 수사의 기법은 나오지 않으나 홈즈와 왓슨의 은퇴 후 일상이 흥미로운 단편이다. 이 작품과 ⟨마자랭 보석⟩ 두 편 만이 정체를 알 수 없는 화자에 의해 삼인칭 시점에서 기술된다.

홈즈는 미국 시카고에 사는 미국인 앨터몬트로 위장해 독일인 간첩 폰 보르크에게 정보를 제공한다. 폰 보르크가 독일로 떠나기 직전, 홈즈는 양봉 안내 책자를 영국군 암호 문서라고 건네주며 그를 체포한다. 홈즈는 왓슨에게 전쟁이 끝난 후 "동풍이 불어올 거야"라며 희망적인 견해를 밝힌다. 우리의 명탐정은 폰 보르크에게서 받은 거금의 수표를 챙기는 것도 잊지 않는다.

# 셜록 홈즈 패스티시 및 패러디 작품

셜록 홈즈가 발표되면서부터 수많은 작가들이 셜록 홈즈를 모방한 작품을 써왔다. 이것은 거의 전례가 없는 현상이며 현대에 이르러 홈즈 모방작들은 더욱 증가하는 추세다. 베스트셀러 작가부터 아마추어 작가에 이르기까지 수많은 사람들이 셜록 홈즈를 직접 써보고 싶은 욕구를 느낀 것이다. 그중에는 피터 팬의 작가 제임스 배리(James Barrie)와 비틀즈의 멤버 존 레논(John Lennon)도 있었다. 추리작가인 나도 다섯 편의 셜록 홈즈 패러디 소설을 발표하면서 홈즈를 재창조하는 기쁨을 만끽할 수 있었다. 패러디 소설을 통해 홈즈를 재해석·재창조하는 것은 매우 명예롭고 흥미로운 과정이다.

수많은 셜록 홈즈 모방작들은 크게 패러디(parody)와 패스티시(pastiche)로 나눌 수 있다. 패러디와 패스티시는 자주 혼동되며 정확히 구분하기가 힘들 때도 있다. '패러디'란 다른 작가의 작품을 희극적으로 변화시켜 재탄생시킨 작품이고, '패스티시'란 다른 작품의 캐릭터나 스타일을 변형 없이 모방하는 것을 말한다. 린다 허치언(Linda Hutcheon)의 '패러디 이론'에 의하면 "패스티시는 타 작가의 작품으로부터 거의 변형됨 없이 차용되는 것으로써 주로 구, 모티브, 이미지, 그리고 에피소드 등으로 구분된다. 패러디는 다른 텍스트와의 관계에서 변형 또는 각색이고, 패스티시는 피상적 모방이라는 점에서 다르다. 또 패스티시라는 개념은 패러디에 보이는 것과 같은 희극적인 불일치의 느낌을 수반하지 않고 다양한 스타일을 차용(모방)하는 것"을 말한다.

셜록 홈즈를 최초로 패러디한 소설은 1892년 「아이들러 매거진(Idler Magazine)」에 발표된 『셔로 콤즈의 모험(Detective Stories Gone Wrong: The Adventure of Sheroaw Kombs)』이다. 특이한 패스티시 작가로는 오거스트 덜레스(August Derleth)를 들 수 있다. 그는 셜록 홈즈 소설을 쓰게 해달라는 자신의 요청이 거절당하자 1945년부터 셜록 홈즈를 솔러 폰즈(Solar Pons)라는 이름으로 바꾸어 작품을 발표한다. 솔러 폰즈는 프래드 가 7B에 살며 린던 파커라는 파트너와 함께 일한다. 하숙집 주인은 존슨 부인이고, 형은 밴크로프트다. 작가 덜레스가 사망한 뒤 베이질 카퍼(Basil Copper)가 솔러 폰즈 시리즈를 이어받아 쓴다. 두 패스티시 작가가 쓴 솔러 폰즈 작품의 수는 셜록 홈즈 작품의 수보다 훨씬 많다.[22] 지금까지 발표된 셜록 홈즈의 주요 패스티시 작품들은 다음과 같다.

## 『베이커 가의 셜록 홈즈』[23]

셜록 홈즈의 일인자인 베어링 굴드가 쓴 작품이다. 열네 살부터 셜록 홈즈에 심취해 셜로키언이 된 베어링 굴드는 셜록 홈즈 클럽인 '베이커 스트리트 이레귤러스'의 멤버이기도 하다. 이 작품은 그가 셜록 홈즈의 전 작품을 시대별로 인용하고, 빈 곳을 작가적 상상력으로 채운 셜록 홈즈의 소설적 전기이다. 홈즈의 작품을 읽어본 독자라면 고향 길을 산책하듯 가볍게 읽어볼 수 있는 책이기도 하다.

그런데 베어링 굴드가 창조해낸 흥미로운 사실 중 하

윌리엄 S. 베어링 굴드

105

나는 악당 모리아티 교수가 소년 시절 홈즈의 가정교사라는 것이다. 서로 성향이 맞지 않은 두 사람은 오랫동안 공부를 하지 못한다. 홈즈가 옥스퍼드 대학을 2년 다닌 뒤 케임브리지 대학으로 전학 갔다는 사실도 새로 채워 넣은 내용이다. 또 홈즈의 60편 정전에 나오지 않는 인물 중 하나로 '잭 더 리퍼'라는 연쇄 살인마가 등장한다. 홈즈는 거리의 여자로 변장해 여덟 번째 살인을 저지르려는 잭 더 리퍼를 잡는다. 베어링 굴드는 왓슨을 한 번 더 결혼시키기도 한다. 왓슨이 모스턴 양을 만나기 이전 이미 한 번 결혼 경험이 있다는 설정이었다. 홈즈가 아이린 애들러를 비극적인 결혼에서 구해낸 뒤 사랑에 빠져 아들을 낳는다는 설정 또한 흥미롭다.

## 『7퍼센트 용액』[24]

'7퍼센트 용액(The Seven-Per-Cent-Solution)'이란 코카인이 7퍼센트 섞인 마약 용액을 말한다. 『네 사람의 서명』에서 셜록 홈즈가 주기적으로 이 용액을 자신의 팔뚝에 주입하던 데서 착안한 제목이다.

이 패스티시 소설은 〈빈집의 모험〉의 서두로 시작한다. 원작의 설정과 대사들을 그대로 빌려온 도입부를 읽다보면 독자들은 자연스럽게 작가의 위트에 미소 짓게 된다. 하지만 점차

드러나는 셜록 홈즈의 숨겨진 진실에 독자들은 긴장할 수밖에 없다. 셜록 홈즈가 재활 치료가 필요한 마약 중독자로 등장한다. 또 하나 충격적인 사실은 홈즈의 어머니와 모리아티 교수가 불륜을 저지른다는 것이다. 자신의 가정교사였던 모리아티 교수와 어머니의 불륜에 상처 입은 홈즈는 코카인에 취할 때마다 모리아티를 천하의 몹쓸 악당으로 몰아간다. 이는 코난 도일의 어머니와 하숙생 월러와의 추문을 작품 속에 패러디한 것 같아 씁쓸한 생각까지 들게 한다.

이 소설의 내용은 셜로키언들에게 신성 모독과 같았기에 작가 니콜라스 메이어(Nicholas Meyer)는 독자들에게 거센 비난을 받았다. 하지만 그는 이 작품으로 영국추리작가협회의 골드 대거상(The CWA Gold Dagger for Fiction)을 수상했다.

### 『셜록 홈즈 미공개 사건집』[25)

코난 도일의 막내아들인 애드리언 코난 도일(Adrian Conan Doyle)과 밀실 범죄의 거장인 존 딕슨 카(John Dickson Carr)가 함께 만든 대표적인 홈즈 패스티시 단편집이다.

애드리언 코난 도일은 '아서 코난 도일 재단'을 설립할 만큼 아버지의 작품에 정통했을 뿐만 아니라 본인이 직접 셜록 홈즈 작품을 쓰기도 했다. 아들이 아버지의 작품을 모방해 패스티시 작품을 쓰는 경우는 흔치 않다. 그래서인지 작품 곳곳에서 아버지에 대한 아들 애드리언의 각별한 사랑과 존경이 느껴진다.

존 딕슨 카는 『아서 코난 도일 경의 생애(The Life of Sir Arthur Conan Doyle)』라는 공식 평전을 집필할 만큼 코난 도일의 작품과 생애를 전문적으로 연구한 작가였다. 이 두 사람이 엮은 열두 편의 단편들은 트레포프 살인 사건, 캠버웰 독살 사건, 제임스 필리모어 사건 등 왓슨이 이름만 언급했던 사건들을 소재로 한 것이라 더욱 흥미롭다. 이 단편집은 플롯, 등장인물의 성격 묘사, 작품의 분위기, 추리의 기법과 구성에 있어 코난 도일의 작품에 필적하는 패스티시 작품집이라는 평가를 받는다.

## 『베이커 스트리트 살인』[26]

현대 추리작가들이 쓴 홈즈 패스티시 단편 소설 열한 편과 세 편의 에세이가 수록된 책이다. 세 편의 에세이 중 한편은 코난 도일의 자서전 『회상과 모험』에서 발췌한 '셜록 홈즈에 대해 말하다'라는 에세이다. 이 에세이에서 코난 도일은 피터 팬의 저자가 쓴 홈즈 패러디 오페라 등 흥미로운 일화들을 말해준다. 다른 두 편의 에세이는 유명한 셜로키언들이 쓴 것인데, 코난 도일의 작품에서 파생된 단어들에 대한 욘 L.

렐렌버그(John L. Lellenberg)의 에세이는 특히 흥미롭다. 단편소설 중 에드가 상 수상자인 스튜어트 M. 커민스키(Stuart M. Kaminsky)의 작품에서 홈즈를 범죄에 이용하려 한 의뢰인의 설정 또한 독특하다. 피터 트레메인(Peter Tremayne)의 작품에서 홈즈는 〈악마의 발〉 사건을 해결한 직후 춤추는 인어 사건의 수사를 시작하고, 빌 크라이더(Bill Crider)의 작품에서는 다시 한 번 흡혈귀의 허구성을 입증한다.

## 『셜록의 제자』[27]

1994년 출간된 '메리 러셀 & 셜록 홈즈 시리즈'의 첫째 편이다. 이 시리즈는 모두 열두 편으로 이루어져 있는데 15세 소녀 메리 러셀이 왓슨 역할을 하며 홈즈의 제자가 되는 설정이다. 은퇴 후 서식스의 전원에서 양봉을 하던 54세의 홈즈와 메리 러셀이라는 소녀가 마주친다. 사고로 부모를 잃고 이모와 함께 지내던 메리 러셀은 홈즈의 지적 능력에 매료되어 홈즈의 제자가 된다. 15세라는 나이에 걸맞지 않게 뛰어난 추리력과 지적 능력을 지닌 천재 소녀는 20세기 초반 유럽을 배경 삼아 흥미진진한 모험을 펼친다. 소녀의 감수성이 드러나는 낭만적인 추리소설 시리즈다. 이 작품의 작가인 로리 R. 킹(Laurie R. King)은 에드가 상을 수상했다.

## 『누가 악을 생각하는가?』[28)]

에드가 상 후보로 지명되었던 마이클 커랜드(Michael Kurland)가 모리아티를 주인공으로 쓴 패스티시 작품이다. 빅토리아여왕의 큰손자인 알버트 빅토르 왕자가 실종된다. 왕자는 사창가를 찾아갔다가 실종되는데 그를 지키던 병사들은 의식을 잃고, 왕자가 있던 방에서 꽁꽁 묶여 잔인하게 살해된 젊은 여자의 시체가 발견된다. 영국 왕실은 한시 바삐 왕자를 구하려고 셜록 홈즈를 찾지만 그는 해외에 체류 중이다. 홈즈의 형 마이크로프트의 제안으로 재판을 기다리던 악당 모리아티 교수에게 사건이 의뢰된다. 이 작품은 모리아티 교수를 다른 관점에서 다뤘다는 점에서 신선한 충격을 준다.

## 『미국의 셜록 홈즈』[29)]

코난 도일의 작품 중 많은 사건들이 신세계 미국을 배경으로 일어난다. 또 코난 도일 자신도 수차례 미국을 순회하며 미국에 대한 관심과 애정을 보여주었다. 이 단편집은 미국을 배경으로 한 홈즈 패스티시 단편 열네 편과 세 편의 에세이를 담고 있다. 〈기침하는 치과의사의 모험〉에서 홈즈와 왓슨은 『주홍색 연구』의 범인 제퍼슨 호프의 사연을 취재하기 위해 「타임」지의 후원으로 미국을 방문한다. 〈워버턴 대령의 광기〉에서는 왓슨이 샌프란시스코에서 겪은 미스터리를 홈즈가 안락의자에 앉아 풀어낸다. 유산 상속을 둘러싼 기묘한 유령 이야기가 흥미롭다.

**『셜록 홈즈 실크 하우스의 비밀』**[30)]

코난 도일 재단에서 공식 출간한 셜록 홈즈 패스티시 작품이다. 코난 도일 재단에서 최초로 '공식 셜록 홈즈 작가'로 인정한 앤서니 호로비츠(Anthony Horowitz)가 8년간의 자료조사와 집필기간에 걸쳐 완성·발표했다.

앤서니 호로비츠

1890년 11월 미술품 딜러인 카스테어즈가 홈즈와 왓슨을 찾는다. 카스테어즈는 미국 갱단이 미국에서 런던까지 와서 자신에게 복수하려 한다고 말한다. 다음 날 카스테어즈의 집에 절도 사건이 발생한 후, 잔인한 살인 사건이 연이어 발생한다. 살인자의 흔적을 찾아낸 아이 로스가 살해되고 로스의 누나는 실종된다. 아이의 누나를 찾으러 아편굴에 들어간 홈즈는 살인 누명을 쓰고 감옥에 갇히지만 탈옥한다. 홈즈와 왓슨은 레스트레이드와 함께 실크하우스의 사건을 해결한다. 이 작품에서 왓슨은 홈즈의 미발표 사건들을 100년간 발표하지 않을 계획임을 밝힌다. 작품의 완성도가 높고 원작에 충실한 패스티시 작품이다.

### 『셜록 홈즈의 미해결 사건 파일』[31]

이 작품은 네 권의 책으로 된 어린이를 위한 셜록 홈즈 패스티시 작품이다. 100여 년 전 명탐정 셜록 홈즈가 해결하지 못한 사건들을 홈즈의 손자들이 현대 과학을 이용해 해결한다는 설정이 흥미롭다. 미국에 살다 영국을 방문한 셜록 홈즈 5대손 남매 제나와 젠더가 왓슨의 후손으로부터 홈즈의 미해결 파일 상자를 받는다. 평소 추리게임을 즐기던 남매는 왓슨 가족의 비밀 초대를 받아 미스터리 속에 끌려든다. 100년 전 사라진 유명 화가의 그림을 금속탐지기를 이용해 찾아내는가 하면 시간을 멈추는 부적 사건, 왕위 후계자 실종사건 등을 명쾌하게 풀어나간다.

# 『소년 셜록 홈즈』[32]

작가 앤드루 레인(Andrew Lane)이 코난 도일 협회와 코난 도일 유가족들로부터 승인을 얻어 출간한 셜록 홈즈의 유년 시절을 다룬 소설이다. 모두 열 권으로 된 시리즈다.

열네 살의 셜록 홈즈는 마이크로프트 형의 영향을 많이 받는다. 또 마이크로프트 형이 추천한 가정교사를 통해 학교에서 배우지 못한 것들을 배운다. 탐정처럼 주위를 살피는 법, 주위에 자연스럽게 녹아드는 법, 논리적으로 추리하는 법 등을 몸에 익히며 명탐정으로 거듭난다. 그 와중에 살인 사건에 휘말리기도 하고 링컨 대통령의 암살범과 마주치기도 한다. 홈즈는 어린 소년이라는 사실이 믿어지지 않을 만큼 많은 사건을 해결하며 미국과 중국까지 여행한다. 중국으로 가는 글로리아 스콧 호에서는 태극권까지 연마한다. 이미 소년 시절에 세계적인 명탐정으로 거듭날 준비를 마친 것이다.

# 동시대에 등장한 그 외 탐정 캐릭터들

빅토리아 시대 말기부터 에드워드 시대까지 가스등이 밝혀진 런던 거리에서 활약한 탐정은 셜록 홈즈 뿐만이 아니었다. 1890년부터 1914년까지는 영국 대중잡지의 황금기였는데 이 잡지들이 앞 다투어 추리소설을 실었기 때문이다. 산업혁명으로 여유가 생긴 중산층은 특히 범죄 추리소설에 흥미를 가졌다. 당시 런던의 인구는 폭발적으로 증가했고, 늘어나는 범죄가 독자들의 주요 관심사였다. 게다가 아직까지 미스터리로 남은 희대의 살인마 잭 더 리퍼가 연쇄 잔혹 살인을 저지른 시기이기도 하다. 런던 시민들은 이러한 범죄자를 신속하게 검거할 수 있는 명탐정의 활약에 목말라 있었다. 이러한 대중의 열망과 맞물려 성공을 거둔 것이 셜록 홈즈였다. 1891년 7월 부터 「스트랜드 매거진」에 연재를 시작한 셜록 홈즈 시리즈가 첫 편부터 폭발적인 반향을 일으키자 수많은 잡지들에 모방 소설들이 등장했다.

특히 1894년 〈마지막 사건〉에서 셜록 홈즈가 사망하자 그의 빈틈을 메우려는 라이벌들은 더욱 늘어났다. 셜록 홈즈 단편이 연재되던 「스트랜드 매거진」의 지면에는 탐정 마틴 휴이트의 단편이 실렸다. 1899년에는 코난 도일의 매제인 E. W. 호닝(E. W. Hornung)도 셜록 홈즈의 모방 소설인 래플스(A. J. Raffles) 시리즈를 발표했다. 이어 프랑스에서는 1907년 괴도 아르센 뤼팽이 탄생했고, 미국에서는 1905년 '생각하는 기계'인 오거스트 S. F. X. 밴 듀슨 교수(Professor Augustus S. F. X. Van Dusen)가 발표됐다. 다음은 셜록 홈즈의 주요 라이벌 탐정들이다.

**괴도 아르센 뤼팽**

코난 도일이 셜록 홈즈를 부활시킨 지 4년 만인 1907년 영불해협 건너편에서 적수가 탄생한다. 프랑스 작가 모리스 르블랑(Maurice Leblanc)이 창조한 괴도 아르센 뤼팽이다. 뤼팽은 홈즈와 반대되는 입장에 있는 도둑이지만, 경찰의 범죄 해결을 도와주기도 하고 나라가 위기에 처했을 때 애국심을 발휘하기도 한다. 범죄자 출신의 경찰대장 르코크를 연상하게 한다.

탐정과 도둑이라는 직업 차이 외에도 뤼팽은 홈즈와 반대 성향을 가졌다. 여성기피자인 홈즈와 달리 뤼팽은 네 번이나 결혼할 정도로 여성 편력이 있다. 또 홈즈가 지성을 중시한 반면 뤼팽은 감성적인 인물이다.

뤼팽은 첫 작품에서부터 홈즈를 초대해 굴욕을 안겨준다. 『괴도신사 아르센 뤼팽』의 〈한 발 늦은 홈즈〉에서 홈즈를 실제로 등장시켜 뤼팽에게 패배시킨다. 이에 대해 코난 도일이 엄중히 항의하자 다음 작품인 『뤼팽 대 홈즈』에서는 셜록 홈즈를 헐록 쇼메스(Herlock Sholmes)로, 왓슨을 윌슨으로 이름만 바꾸어 등장시킨다. 홈즈는 『기암성』과 『813의 비밀』에서도 등장해 뤼팽과 겨룬다. 작가 모리스 르블랑은 영국인 라이벌로부터 프랑스인의 자존감을 높인 공로를 인정받아 레종 도뇌르 훈장을 수여받는다.

### 신사 도둑 래플스

1898년 코난 도일의 매제인 E. W. 호닝이 「카셀스 매거진 (Cassell's Magazine)」에 발표한 범죄소설의 주인공이다. 사립학교를 졸업한 사교계의 명사이자 크리켓 선수가 밤이면 도둑이 된다는 영국판 괴도 뤼팽 스토리다. 래플스는 호화로운 생활을 즐기는 독신남이다. 홈즈처럼 조력자이자 서술자 친구가 있는데 그는 학교 후배인 버디 맨더스다. 빠듯한 주머니 사정 때문에 홈즈와 왓슨이 룸메이트가 되듯 버디 맨더스는 파산 직전의 금전 사정 때문에 래플스와 도둑 커플이 된다.

래플스는 홈즈처럼 담배를 즐겨 피우며 도둑질을 게임처럼 즐긴다. 하지만 약자의 편에 서며 가난한 자의 물건에 손을 대지 않는다. 코난 도일은 자신의 매제가 쓴 래플스의 작품성을 높게 평가했지만 범죄자를 주인공으로 설정하는 것은 대중들에게 나쁜 영향이 될 수 있음을 경고했다고 한다. 「카셀스 매거진」에 발표될 당시 래플스는 셜록 홈즈 만큼이나 인기 있는 캐릭터였다.

## 탐정 마틴 휴이트

1894년 저널리스트 출신 작가 아더 모리슨이 탄생시킨 변호사 직업을 가진 탐정이다. 셜록 홈즈를 모방한 라이벌 중 홈즈와 가장 유사한 캐릭터다. 그는 홈즈처럼 귀납적 추리를 통해 사건을 해결한다. 그의 사무실은 홈즈의 하숙집 '베이커가 221b'처럼 런던에 있다. 휴이트의 사무실은 런던 스트랜드 가에 있는데 '스트랜드'는 셜록 홈즈가 연재되던 잡지의 이름이기도 하다. 이러한 유사성을 가진 탐정이기에 「스트랜드 매거진」에서 셜록 홈즈의 연재가 중단되자 휴이트 소설은 홈즈가 페이지를 차지한다. 셜록 홈즈의 대체 탐정이었던 것이다.

하지만 성격과 외모에 있어서는 홈즈와 반대되는 인물이다. 셜록 홈즈가 키가 크고 마른 체격인데 반해 휴이트는 보통의 키에 약간 통통한 몸매다. 홈즈의 성격이 날카롭고 경찰들에게 냉소적인데 반해 휴이트는 온화하고 경찰들과 잘 융합하는 모습을 보인다. 밴 다인(S. S. Van Dine)은 아더 모리슨의 휴이트를 가리켜 '셜록 홈즈의 수많은 후계자 중에서 가장 뛰어나다'고 평가했다.

## 손다이크 박사

손다이크(Dr. Thorndyke)는 1908년 「스트랜드 매거진」의 경쟁 잡지인 「피어슨스 매거진(Pearson's Magazine)」에 처음 등장한다. 작가 오스틴 프리먼(R. Austin Freeman)이 「피어슨스 매거진」을 위해 손다이크라는 셜록 홈즈의 경쟁자를 창조한 것이다. 손다이크 박사는 최초의 과학적 탐정이라는 찬사를 받을 만큼 과학적인 수사방법을 사용했다. 모든 실험 장비와 수사 장비를 가방에 넣어 다닐 정도였다. 홈즈처럼 키가 훤칠한 독신남인 그는 의뢰인의 말을 경청하며 담배를 피우곤 했다. 왓슨이 홈즈의 사건들을 기록하듯 저비스 박사(Dr. Jervis)가 서술자 역할을 맡았다. 손다이크 박사의 과학적 수사방법만큼이나 독특한 것은 소설의 서술 방식이다. 전반부에서 범죄의 아웃라인이 그려지고 후반부에서 상세한 수사가 이루어지는 도치서술형 추리를 선보인 것이다.

**구석의 노인**

셜록 홈즈의 경쟁자 중 여성 작가에 의해 창조된 캐릭터다. 1901년 작가 배로니스 오르치(Baroness Emmuska Orczy)가 「로열 매거진(Royal Magazine)」에 발표한 단편 시리즈에 등장한다. 작가 오르치는 짙은 안개 때문에 마차 안에 고립되었을 때 마차 내부에 붙은 셜록 홈즈 광고 포스터를 보고 '구석의 노인'을 구상했다고 한다. 셜록 홈즈와 닮지 않은 탐정 시리즈의 주인공을 창조한 것이다. 큼직한 뿔테 안경을 쓰고 헐렁한 트위드 양복을 입은 허수아비 같은 노인은 홈즈의 형 마이크로프트처럼 안락의자형 탐정이다. 하지만 검시 법정에 나타나기도 하고 용의자의 사진을 찍는 등 안락의자형 탐정치고는 활동적인 측면도 가지고 있다. 그는 'ABC 샵'이라는 찻집 구석에 앉아 끈을 만지작거리면서 협박 사건이나 살인 사건 등 모든 사건을 해결한다. 미스 폴리 버튼이 왓슨 역할을 하며 '구석의 노인'과 대화를 통해 사건 해결을 돕는다. '구석의 노인'이 등장

하는 단편이 37편이나 발표되지만 노인의 나이나 과거 경력
은 드러나지 않아 독자들의 호기심을 더욱 자극한다.[33]

## 시각장애우 명탐정 맥스 캐러도스

1914년 저자 어니스트 브라마(Ernest Bramah)는 셜록 홈즈와
차별화시키기 위해 시각장애우 탐정을 창조한다. 어렸을 때
당한 사고로 시각장애우가 된 캐러도스(Max Carrados)는 잃은
시각을 보상하고도 남는 비상한 능력을 얻게 된다. 손끝의 감
각이 예민해져서 인쇄된 글자를 더듬어 글을 읽을 수 있으며
타자도 칠 줄 안다. 그의 추리력과 사고력은 더욱 더 영민하다.
동전을 수집하는 취미를 가졌으며 사립 탐정사무실을 운영하
는 전직 변호사 칼라일(Carlyle)과 함께 사건을 해결한다.

## 유령 탐정 카낙키

1910년부터 1912년까지 「아이들러 매거진(Idler Magazine)」
에 연재됐으며 1913년 단행본으로 출간되었다. 영국 판타지
작가인 윌리엄 홉 하지슨(William Hope Hodgson)이 창조한 심
령과학 탐정으로 다지슨(Dodgson)이 왓슨처럼 화자 역할을 한
다. 홈즈처럼 괴팍한 성격을 가진 카낙키(Carnacki) 탐정은 파

트너 다지슨에게 한 마디 말도 없이 유령 사진만을 건네준다. 이들 유령 탐정들을 깜짝 놀라게 할 무서운 존재들이 오래된 집 어두운 구석에 숨어 기다린다. 카낙키는 사진을 찍어가며 유령을 추적하고 전선으로 된 오각형으로 의뢰인을 보호한다. 카낙키는 홈즈의 라이벌답게 과학적 추리를 하지만 마지막 결론은 초자연적인 현상으로 돌린다. 모두 여섯 편의 단편이 발표되었다.

## '생각하는 기계'인 오거스트 S. F. X. 밴 듀슨 교수

미국 추리소설계에 큰 획을 그은 셜록 홈즈의 미국판 라이벌이다. 1905년 10월 작가 재크 푸트렐(Jacques Futrelle)이 「보스턴 어메리칸(Boston American)」에 연재한 '감방 13호의 문제'의 주인공이다. '생각하는 기계'인 밴 듀슨 교수는 법학, 철학, 의학, 치의학 분야에 박사학위를 가지고 있으며 영국왕립학회 회원이다. 그는 이름과 직함만으로도 알파벳의 모든 글자를 다 써버리는 특이한 캐릭터다. 8호 사이즈 모자가 필요할 정도로 지식이 가득 찬 큰 머리에 사팔뜨기지만 '돔같이 놀랄 만큼 넓은 얼굴' '외과의사의 매스를 연상케 할 정도로 얇은 양 입술 끝' '어딘지 까다로워 보이며 나이든 어린애 같은 생김새' 등의 묘사를 볼 때 이름만큼 범상치 않은 외모의 소유자다.

밴 듀슨 교수는 독일계 출신이며 그의 집안은 조상 대대로 과학자 집안이었다. 모든 전문 분야에 박식한 밴 듀슨은 홈즈 식의 분석적 추리를 통해 문제를 해결하지만 그의 시리즈에는 살인이 없는 추리 이야기가 많다. 그의 초기 작품에는 범죄 방법을 푸는 타입이 많지만, 후기로 갈수록 범행 동기를 밝히는 타입이

재크 푸트렐

주를 이루어 작품의 현대성을 보여준다. 그는 '생각하는 기계'인 만큼 안락의자형 탐정 역할을 한다. 옆에서 왓슨 역할을 한 것은 친구인 허친슨 해치(Hutchinson Hatch)이다. 허드슨 부인 역할은 노가정부 마사가, 레스트레이드 역은 멜로리 형사부장이 맡는다.

작가 재크 푸트렐은 침몰하는 타이타닉 호에서 아내를 구하고 37세에 사망한 비운의 주인공이기도 하다. 마지막 단편 열 편 중 여섯 편이 그와 함께 차가운 대서양 아래로 사라져 그의 유고집에는 네 편의 작품만 실렸다고 한다.[34]

## 여성 탐정 러브데이 브룩과 레이디 몰리

작가 캐서린 루이자 퍼키스(Catherine Louisa Pirkis)가 1893년에 「더 루드게이트 매거진(The Ludgate Magazine)」에 여성 탐정 러브데이 브룩(Loveday Brooke)을 발표한다. 당시의 다른 여성 탐정들이 여성다운 외모와 직관력으로 사건을 해결하는데 반해 수수한 외모를 지닌 러브데이 브룩은 홈즈처럼 관찰과 분석적 추리를 사용한다. 삼십 대의 미혼녀로서 하층민의 직업을 전전한 그녀는 자신의 경험을 범죄 수사에 활용하기도 한다.

러브데이 브룩은 여성 탐정의 전형을 확립해 이후 레이디 몰리(Lady Molly)와 같은 여성 탐정의 출현에 도움을 주었다. 1910년 배로니스 오르치(Baroness Emmuska Orczy)가 창조한 여성 탐정 레이디 몰리는 '런던 경시청의 몰리'라고도 알려져 있다. 주로 가정에서 여성들이 생각할 수 있는 추리로 사건을 해결해 남성들에게는 큰 공감을 얻지 못했다.

## 브라운 신부

1911년 작가 길버트 키스 체스터튼(Gilbert K. Chesterton)이 창조한 얼뜨기 신부 탐정이다. 작고 볼품없는 체구에 촌스러

운 우산을 든 브라운 신부(Father Brown)는 홈즈를 정통으로 계
승한 탐정이라기보다 독자의 맹점을 꿰뚫고 해학을 선사하는
인간적인 탐정이다. 그는 투박한 외모와 느려빠진 행동과 말
투를 가졌지만, 질문이 생기면 자문자답을 통해 반드시 답을
얻고야 마는 끈기를 가지고 있다. 이러한 사고의 습관으로 그
는 형사들을 제치고 문제를 해결한다. 하지만 그는 셜록 홈즈
처럼 과학적 추리를 하지 않는다. 그는 데이터에 기초한 귀납
적 추리가 아닌 연역적 추리를 선호한다. 신부 탐정인 그는 상
식을 뒤엎는 방법으로 사건을 해결해나가면서 독자들에게 세
태 풍자와 놀라운 의외성을 선사한다. 브라운 신부는 오늘날
까지도 많은 사랑을 받는 탐정들 중 하나이며 독보적인 탐정

길버트 키스 체스터튼

의 영역을 확립했다.

## 푸아로 탐정

　푸아로(Hercule Poirot)는 1920년부터 1975년 사이에 발표된 아가사 크리스티(Agatha Christie) 작품에 등장한다. 그는 몸집이 작고 기묘하게 생긴 데다 계란 같이 생긴 머리를 언제나 한쪽으로 기울여 갸우뚱한 모습의 탐정이다. 군인 냄새가 물씬 나는 뻣뻣한 콧수염에 옷차림은 항상 말쑥하다. 벨기에 경찰국의 형사로 일한 적 있는 그는 자신의 천재적인 '회색 뇌세포'를 자랑한다. 하지만 단서를 찾기 위해서는 마른 풀 더미 속에서 바늘 찾기 식의 노력도 아끼지 않는다. 그는 범죄자를 서서히 덫으로 몰고 가는 치밀함을 보인다. 푸아로 탐정은 홈즈의 라이벌 탐정으로 시작했지만 브라운 신부처럼 자신만의 영역을 확보한 탐정 캐릭터가 되었다.

# 셜록 홈즈가 끼친 영향

한 세기 이전에 창조된 셜록 홈즈 캐릭터는 현대 문학, 영화, 드라마, 연극, 미술 등 다양한 분야에서 영향력을 확대하고 있다. 하지만 가장 주목할 만할 점은 홈즈가 우리 실생활에서도 활발하게 활동하고 있다는 것이다.

## 셜록 홈즈 관련 모임들

홈즈는 지금도 전 세계 셜록 홈즈 모임을 중심으로 셜록 홈즈 회원들과 활발히 교류 중이다. 셜록 홈즈 모임 중 가장 유명한 것은 미국 뉴욕에 본부가 있는 '베이커 스트리트 이레귤러스'다. 정전에 나오는 '베이커 스트리트 소년 탐정단(Baker Street Irregulars)'의 이름을 딴 모임으로 1934년 크리스토퍼 몰리(Christopher Morley)에 의해 만들어졌다. 이 모임은 「베이커 스트리트 저널(The Baker Street Journal)」이라는 잡지를 간행하며 매해 1월에 정기 모임을 갖고 셜록 홈즈에 대한 연구를 한다. 회원은 협회 초청에 의해서만 받아들여지고 선정된 회원에게는 '이레귤러 실링(Irregular Shilling)'이 주어진다. 베이커 스트리트 소년 탐정들이 홈즈로부터 1실링씩 수고비를 받던 데서 유래한 것인데 셜로키언들은 이를 최대의 영광으로 여긴다.

영국에 있는 셜록 홈즈 모임은 1950년에 세워진 '셜록 홈즈 협회(Sherlock Holmes Society)'다. 이 모임은 1934년에 창립된 클럽을 재창립한 것으로 「셜록 홈즈 저널(Sherlock Holmes Journal)」이라는 잡지를 발간한다.

홈즈가 모리아티 교수와 최후의 결투를 벌였던 스위스 메이링겐에는 '라이헨바흐 이레귤러(Reichebach Irregular)'라는 모임도 있다. 그 외에 유럽과 호주, 아시아 등 전 세계에서 수많은 셜록 홈즈 모임이 활동 중이다.

### 과학수사에 미친 영향

영국 경시청의 과학수사 프로그램 이름이 '홈즈'이며 전 세계 수사관들의 교육과정에서 홈즈의 수사가 자주 인용된다. 셜록 홈즈의 수사기법은 현대 과학수사의 교본으로도 손색이 없다. 특히 홈즈는 현장 보존, 지문과 혈흔 같은 다양한 물리적 단서의 사용, 엄밀한 귀납적 추리 등으로 현대 과학수사의 기본을 확립했다.

## 연극과 영화에 미친 영향

홈즈는 역사상 연극이나 영화로 가장 많이 각색된 캐릭터다. 다양하고 흥미로운 등장인물, 탄탄한 줄거리와 명쾌한 수사과정, 그리고 홈즈의 명대사들이 어우러져 연극이나 영화로 제작되기에 좋은 작품들이다.

셜록 홈즈가 등장하는 연극의 한 장면.

〈시계 밑에서(Under The Clock, 1893)〉를 시작으로 〈셜록 홈즈(Sherlock Holmes, 1893)〉 〈셜록 홈즈: 4막극(Sherlock Holmes: A Drama in Four Acts, 1899)〉 등의 연극들이 연달아 상영되었다. 여기서 〈셜록 홈즈: 4막극〉은 오늘날 홈즈의 이미지를 확립해 준 중요한 연극이다. 길레트(Gillette)가 직접 대본을 각색하고 홈즈 연기를 했는데, 사냥 모자를 쓴 시드니 페짓의 삽화에 굽은 파이프 담배를 추가해 홈즈의 전형적인 모습이 된다. 이 연극이 폭발적인 인기를 끌면서 길레트는 셜록 홈즈 전문 배우가 되어 무성영화와 라디오에도 출연한다. 이 연극은 정전 속의 홈즈와 달리 사랑에 빠지는 홈즈를 보여주기도 한다. 이어 〈얼룩 띠의 비밀(1910)〉 〈피의 복사(The Crucifer of Blood, 1978)〉 〈셜록의 마지막 사건(Sherlock's Last Case, 1987)〉 〈셜록 홈즈: 마지막 모험(Sherlock Holmes: The Final Adventure, 2007)〉 등의 연극이 발표된다.

코난 도일의 작품 중 가장 많이 영화화 된 작품은 『바스커빌 가의 개』다. 원작을 바탕으로 211개 이상의 영화가 제작됐으며 75명 이상의 배우가 홈즈 역을 맡았다.[35] 대표적인 영화로는 무성영화 〈셜록 홈즈(1922)〉와 〈얼룩 띠(1931)〉 〈바스커빌 가의 개(1958)〉 〈홈즈의 사생활(The private life of Sherlock Holmes, 1970)〉 〈7퍼센트 용액(1976)〉 〈어린 셜록 홈즈(Young Sherlock Holmes, 1985)〉 등이 있다.[36]

# 오늘날의 셜록 홈즈

셜록 홈즈 열풍은 지금도 여전하다. 탄생 100주년이 넘었지만 뮤지컬과 연극, 영화와 TV 드라마에서 홈즈의 인기는 뜨겁기만 하다. 영화 〈셜록 홈즈〉 시리즈가 연이어 흥행하고, 뮤지컬 〈셜록 홈즈1: 앤더슨 가의 비밀〉〈셜록 홈즈2: 블러디 게임〉이 연이어 흥행한다. TV에서는 영국 드라마 〈셜록〉 시리즈가 방영되며 여전히 인기몰이 중이다. 셜록 홈즈 관련 도서들은 스테디셀러로 자리매김했다. 고전문학 위주였던 서울대 논술 시험에는 장르문학인 홈즈의 작품 〈토르 교 사건〉이 지문으로 출제된 바 있다. 홈즈가 대중예술계뿐만 아니라 교육계에까지 영향력을 미치고 있는 것이다.

셜록 홈즈가 사회 전 분야에서 인기를 끄는 문화코드가 된 이유는 무엇일까? 그것은 60편이나 되는 풍부한 분량의 홈즈 작품들이 다채로운 캐릭터와 흥미로운 소재를 담고 있기 때문이다. 작가 코난 도일은 포경선 선원, 서아프리카 탐험 등 많은 경험을 통해 대중이 원하는 바를 정확히 파악하고 맞춰주는 법을 배웠다. 일례로 「스트랜드 매거진」에 최초로 실린 〈보헤미아 왕국 스캔들〉은 당시 대중들의 최대 관심사였던 왕족들의 스캔들을 다뤄 폭발적인 인기를 얻었다.

작품의 완성도나 추리소설의 밀도로 보아 에드가 앨런 포의 오거스트 뤼팽 작품들은 홈즈가 등장하는 작품들에 비해 월등한 측면도 많다. 하지만 홈즈의 모델이었던 오거스트 뤼팽은 〈모르그 가의 살인〉 〈마리 로제의 비밀〉 〈도난당한 편지〉 등 단 세 편의 단편에서만 활약했다는 아쉬움이 있다. 뤼팽이 홈즈처럼 60편의 장단 편에서 활약했다면 어땠을까 하는 상상을 하게 된다.

캐릭터의 이미지를 선명하게 표현하며 플롯을 명확하게 드러내는 작가 코난 도일의 문체도 시대를 뛰어넘는 인기에 한몫을 한다. 역사작가가 되기 위해 부단히 습작했던 작가 코난 도일의 명료한 문체가 셜록 홈즈 캐릭터 창조에 기여한 것이다.

하지만 홈즈가 다른 라이벌 탐정들과 차별화하는 것은 홈즈의 괴팍스런 성격 때문이다. 홈즈는 마약중독자이며 여성 기피자이고 조울증 환자다. 그는 범죄학 분야에 있어서는 천재지만, 그 외의 분야에는 무지하다. 하숙집 벽에 총구멍을 만들고 화학실험 가스와 담배 연기로 하숙집을 채울 정도로 배려도 부족하고 이기적이다. 이런 오만하고 냉소적이며 조증과 울증의 극단을 오가는 캐릭터는 복잡한 사회를 살아가는 현대인의 자화상일 수도 있다. 오늘날의 작가들은 이러한 홈즈의 다차원적인 요소를 확대 재생산해 다양한 패러디와 패스티시 작품들을 만들고 있다.

반면 아둔해 보이며 홈즈를 돋보이게 해주는 조력자인 왓슨은 홈즈의 추리력을 갈아주는 숫돌과 같은 존재다. 이러한 왓슨과 홈즈의 뜨거운 우정은 독자들을 매료시키는 양념과 같은 역할을 한다.

무엇보다 독자들을 가장 놀라게 만드는 것은 의뢰인을 한번 바라보는 것만으로도 모든 것을 알아맞히는 홈즈의 놀라운 추리력이다. 셜록 홈즈는 하루아침에 코난 도일 한 사람의 머리에서 뛰쳐나온 것이 아니다. 코난 도일은 창조적 융합의 천재였다. 그는 에드거 앨런 포, 에밀 가브리오, 조셉 벨 등 명탐정의 요건을 모두 융합해 셜록 홈즈를 탄생시켰다. 당시 폭발적으로 증가하는 범죄에 맞서기 위해 체계를 갖추어 가던 스코틀랜드 야드(런던 경시청)의 과학수사 기법을 연구하고 작품에

도입한 것도 작품의 완성도를 높인 요소 중 하나다. 하지만 홈
즈는 어둡고 냉소적인 성격이 뒤섞인 모습도 보여준다. 작가
코난 도일의 어두운 내면이 반영된 홈즈에게서 실존하는 인간
의 고뇌마저 느껴진다.

　얼마 전 50편의 셜록 홈즈의 캐릭터 저작권이 미국에서
도 만료되었다. 홈즈의 사건 파일이 담긴 우편 상자(dispatch
box)[37]가 활짝 열린 것이다. 위조범 빅터 린치, 독도마뱀, 서커
스단의 미녀 비토리아, 반더빌트와 금고털이 ······.[38] 자, 여러
분은 이중에서 어떤 미해결 파일을 집어 들고 싶은가? 스스로
왓슨이 되어 홈즈의 미해결 사건에 도전해보는 것은 어떤가?

# 주

1) Owen Dudley Edwards, 『The Quest for Sherlock Holmes: A Biographical Study of Arthur Conan Doyle』, Barnes & Noble Imports; First edition, 1983.

2) 셜록 홈즈 작품의 원문 인용은 다음 책에서 이루어졌다. 레슬리 S. 클링거 주석·편집, 인트랜스 번역원 역, 『주석 달린 셜록 홈즈』, 현대문학, 2013.

3) Martin Booth, 『The Doctor and the Detective: A Biography of Sir Arthur Conan Doyle』, Minotaur Books; 1st edition, 2000.

4) Arthur Conan Doyle, 『Memories And Adventures』, Cambridge, 2012, p.25.

5) Arthur Conan Doyle, 『Memories And Adventures』, Cambridge, 2012, p.26.

6) Anonymous, 『Confessions of an English Doctor』, Ulan Press, 2012.

7) Jon Lellenberg, Daniel Stashower & Charles Foley, 『Arthur Conan Doyle, A Life In Letters』, The Penguin Press, 2007.

8) Arthur Conan Doyle, 『Memories And Adventures』, Cambridge, 2012, p.97.

9) Christopher Sandford, 『Masters of Mystery: The Strange Friendship of Arthur Conan Doyle and Harry Houdini』, Palgrave Macmillan, 2011.

10) Martin Booth, 『The Doctor and the Detective: A Biography of Sir Arthur Conan Doyle』, Minotaur Books; 1st edition, 2000.

11) Steven Doyle & David A. Crowder, 『Sherlock Holmes For Dummies』, Wiley Publishing, Inc., 2010, p.31.

12) 레슬리 S. 클링거 주석·편집, 인트랜스 번역원 역, 『주석 달린 셜록 홈즈』 「글로리아 스콧 호」, 현대문학, 2013.

13) 마틴 부스, 한기찬 역, 『코난 도일』, 작가정신, 2000, p.195.

14) 피에르 바야르, 백선희 역, 『셜록 홈즈가 틀렸다』, 페러독스, p.51.

15) 레슬리 S. 클링거 주석·편집, 인트랜스 번역원 역, 『주석 달린 셜록

홈즈』「바스커빌 가의 개」「공포의 계곡」, 현대문학, 2013.

16) 레슬리 S. 클링거, 승영조 역,『주석 달린 셜록 홈즈, 돌아온 셜록 홈즈』, 현대문학, 2013, p.107.

17) 레슬리 S. 클링거, 승영조 · 인트랜스 번역원 역,『주석 달린 셜록 홈즈, 주홍색 연구, 네 사람의 서명』, 현대문학, 2013, p.94.

18) Jack Tracy, 『The Encyclopaedia Sherlockiana』, Doubleday; 1st edition, 1977.

19) Martin Booth, 『The Doctor and the Detective: A Biography of Sir Arthur Conan Doyle』, Minotaur Books; 1st edition, 2000.

20) 레슬리 S. 클링거, 승영조 역,『주석 달린 셜록 홈즈, 돌아온 셜록 홈즈』, 현대문학, 2013, p.357.

21) 레슬리 S. 클링거, 승영조 역,『주석 달린 셜록 홈즈, 셜록 홈즈의 사건집』, 북폴리오, 2009, p.479.

22) Bruce Wexler, 『The Mysterious World Of Sherlock Holmes』, Pepperbox Press Ltd., 2012, p.168.

23) W. S. 베어링 굴드, 정태원 역,『베이커 가의 셜록 홈즈』, 태동출판사, 2009.

24) 니콜라스 메이어, 정태원 역,『셜록 홈즈의 7퍼센트 용액』, 시공사, 2010.

25) 에이드리언 코난 도일 & 존 딕슨 카, 권일영 역,『셜록 홈즈 미공개 사건집』, 북스피어, 2009.

26) 마틴 H. 그린버그 외, 정태원 역,『베이커 스트리트 살인』, 단숨, 2013.

27) 로리 R. 킹, 박미영 역,『셜록의 제자』, 노블마인, 2012.

28) Michael Kurland, 『Who Thinks Evil: A Professor Moriarty Novel』, Minotaur Books, 2014.

29) Martin H. Greenberg(Editor), Jon L. Lellenberg(Editor), Daniel Starshower(Editor), 『Sherlock Holmes in America』, Skyhorse Publishing; 1ST edition, 2009.

30) 앤서니 호로비츠, 이은선 역,『셜록 홈즈 실크 하우스의 비밀』, 황금가지, 2011.

31) 트레이시 버렛, 하정희 역,『셜록 홈즈의 미해결 사건 파일』, 아롬주

니어, 2011.

32) 앤드루 레인, 김경희 역,『소년 셜록 홈즈』, 주니어RHK, 2013.

33) 에무스카 바로네스 오르치, 이정태 역,『구석의 노인 사건집』, 동서
문화사, 2003.

34) 잭 푸트렐, 김우탁 역,『13호 독방의 문제』, 동서문화사, 2003.

35) Bruce Wexler,『The Mysterious World Of Sherlock Holmes』,
Pepperbox Press Ltd., 2012, p.165.

36) 마이클 더다, 김용언 역,『코난 도일을 읽는 밤 : 셜록 홈즈로 보는 스
토리텔링의 모든 기술』, 을유문화사, 2011. 그리고 Bruce Wexler,
『The Mysterious World Of Sherlock Holmes』, Pepperbox Press
Ltd., 2012.를 참고했음.

37) 왓슨은 홈즈의 미발표 사건 파일들을 우편 상자(dispatch box)안에
보관해 두었다. 홈즈가 문서가 파괴되는 것을 병적으로 싫어했기 때
문이다.

38)〈서식스의 뱀파이어〉, 1924, p.421에 열거된 홈즈의 미발표 사건들.

# 참고문헌

마틴 부스, 한기찬 역,『코난 도일』, 작가정신, 2000.

레슬리 S. 클링거 주석·편집, 인트랜스 번역원 역,『주석 달린 셜록 홈즈』, 현대문학, 2013.

W. S. 베어링 굴드, 정태원 역,『베이커 가의 셜록 홈즈』, 태동출판사, 2009.

니콜라스 메이어, 정태원 역,『셜록 홈즈의 7퍼센트 용액』, 시공사, 2010.

에이드리언 코난 도일 & 존 딕슨 카, 권일영 역,『셜록 홈즈 미공개 사건집』, 북스피어, 2009.,

마틴 H. 그린버그 외, 정태원 역,『베이커 스트리트 살인』, 단숨, 2013.

로리 R. 킹, 박미영 역,『셜록의 제자』, 노블마인, 2012.

앤서니 호로비츠, 이은선 역,『셜록 홈즈 실크 하우스의 비밀』, 황금가지, 2011.

트레이시 버렛, 하정희 역,『셜록 홈즈의 미해결 사건 파일』, 아롬주니어, 2011.

앤드루 레인, 김경희 역,『소년 셜록 홈즈』, 주니어RHK, 2013.

아서 코난 도일 외, 정태원 역,『셜록 홈즈의 라이벌들』, 비채, 2012.

마이클 더다, 김용언 역,『코난 도일을 읽는 밤 : 셜록 홈즈로 보는 스토리텔링의 모든 기술』, 을유문화사, 2011.

모리스 르블랑, 성귀수 역,『뤼팽 대 홈스의 대결 – 아르센 뤼팽 전집 2』, 까치출판사, 2010.

에무스카 바로네스 오르치, 이정태 역,『구석의 노인 사건집』, 동서문화사, 2003.

길버트 키스 체스터튼, 박용숙 역,『브라운 신부의 동심』, 동서문화사, 2003.

길버트 키스 체스터튼, 박용숙 역,『브라운 신부의 지혜』, 동서문화사, 2003.

잭 푸트렐, 김우탁 역,『13호 독방의 문제』, 동서문화사, 2003.

아가사 크리스티, 박순녀 역,『ABC 살인 사건』, 동서문화사, 2003.

Alan K. Russell,『Rivals Of Sherlock Holmes』, Castle Books, 1978.

Anonymous, 『Confessions of an English Doctor』, Ulan Press , 2012.

Arthur Conan Doyle, 『Memories And Adventures』, Cambridge, 2012.

Bruce Wexler, 『The Mysterious World Of Sherlock Holmes』, Pepperbox Press Ltd., 2012, p.165.

Christopher Sandford, 『Masters of Mystery: The Strange Friendship of Arthur Conan Doyle and Harry Houdini』, Palgrave Macmillan, 2011.

Jack Tracy, 『The Encyclopaedia Sherlockiana』, Doubleday; 1st edition, 1977.

John Dickson Carr, 『The Life Of Sir Arthur Conan Doyle』, Carroll & Graf, 2003.

Jon Lellenberg, Daniel Stashower & Charles Foley, 『Arthur Conan Doyle, A Life In Letters』, The Penguin Press, 2007.

Martin Booth, 『The Doctor and the Detective: A Biography of Sir Arthur Conan Doyle』, Minotaur Books; 1st edition, 2000.

Martin H. Greenberg(Editor), Jon L. Lellenberg(Editor), Daniel Starshower(Editor), 『Sherlock Holmes in America』, Skyhorse Publishing; 1ST edition, 2009.

Michael Kurland, 『Who Thinks Evil: A Professor Moriarty Novel』, Minotaur Books, 2014.

Nick Rennison(editor), 『The Rivals Of Sherlock Holmes』, No Exit Press, 2008.

Owen Dudley Edwards, 『The Quest for Sherlock Holmes: A Biographical Study of Arthur Conan Doyle』, Barnes & Noble Imports; First edition, 1983.

Ransom Riggs, 『The Sherlock Holmes Handbook: The Methods And Mysteries Of The World's Greatest Detective』, Quirk press, 2009.

Steven Doyle & David A. Crowder, 『Sherlock Holmes For Dummies』, Wiley Publishing Inc., 2010.

# 셜록 홈즈 불멸의 탐정

| | |
|---|---|
| 펴낸날 | **초판 1쇄 2014년 6월 30일** |

| | |
|---|---|
| 지은이 | **김재성** |
| 펴낸이 | **심만수** |
| 펴낸곳 | **(주)살림출판사** |
| 출판등록 | 1989년 11월 1일 제9-210호 |

| | |
|---|---|
| 주소 | 경기도 파주시 문발동 522-1 |
| 전화 | 031-955-1350    팩스  031-624-1356 |
| 기획·편집 | 031-955-4671 |
| 홈페이지 | http://www.sallimbooks.com |
| 이메일 | book@sallimbooks.com |

| | |
|---|---|
| ISBN | 978-89-522-2898-7   04080 |

※ 값은 뒤표지에 있습니다.
※ 잘못 만들어진 책은 구입하신 서점에서 바꾸어 드립니다.

이 도서의 국립중앙도서관 출판시도서목록(CIP)은 서지정보유통지원시스템 홈페이지
(http://seoji.nl.go.kr)와 국가자료공동목록시스템(http://www.nl.go.kr/kolisnet)에서
이용하실 수 있습니다.(CIP제어번호: CIP2014018650)

| | |
|---|---|
| 책임편집 | **박종훈** |

## 376 좋은 문장 나쁜 문장　`eBook`

송준호(우석대 문예창작학과 교수)

어떻게 좋은 문장을 쓸 수 있을 것인가? 우선 좋은 문장이 무엇이고 그렇지 못한 문장은 무엇인지 알아야 할 것이다. 대학에서 글쓰기 강의를 오랫동안 해 온 저자가 수업을 통해 얻은 풍부한 사례를 바탕으로 문장교육을 제대로 받지 못한 독자들에게 좋은 문장으로 가는 길을 제시하고 있다.

## 051 알베르 카뮈　`eBook`

유기환(한국외대 불어과 교수)

알제리에서 태어난 프랑스인, 파리의 이방인 알베르 카뮈에 대한 충실한 입문서. 프랑스 지성계에 혜성처럼 등장한 카뮈의 목소리는 늘 찬사와 소외를 동시에 불러왔다. 그 찬사와 소외의 이유, 그리고 카뮈의 문학, 사상, 인생의 이해와, 아울러 실존주의, 마르크스주의 등 20세기를 장식한 거대담론의 이해를 돕는 책.

## 052 프란츠 카프카　`eBook`

편영수(전주대 독문과 교수)

난해한 글쓰기와 상상력으로 문학사에 커다란 발자취를 남긴 카프카에 관한 평전. 잠언에서 중편 소설 「변신」 그리고 장편 소설 『실종자』와 『소송』 그리고 『성』에 이르기까지 카프카의 거의 모든 작품에 대한 해석을 담고 있다. 또한 이 책은 카프카의 잠언과 노자의 핵심어인 도(道)의 연관성을 추적하는 등 새로운 관점도 보여 준다.

## 271 김수영, 혹은 시적 양심　`eBook`

이은정(한신대 교양학부 교수)

힘과 새로움으로 가득 차 있는 김수영의 시 세계. 그 힘과 새로움의 근원을 알아보고 지금까지와는 다른 새로운 독법으로 그의 시 세계를 살펴본다. 그와 그의 시에 대해 깊은 애정을 가진 저자는 김수영의 이해를 위한 충실한 안내자 역할을 자처한다. 김수영의 시 세계를 향해 한 발 더 들어가 보고자 하는 독자들에게 유익한 책이다.

### 369 도스토예프스키   eBook

박영은(한양대학교 HK 연구교수)

『카라마조프가의 형제들』과 『죄와 벌』로 유명한 러시아의 대문호 도스토예프스키. 그의 작품에 등장하는 생생한 인물들은 모두 그의 힘들었던 삶의 경험과 맞닿아 있다. 한 편의 소설 같은 삶을 살았으며, 삶이 곧 소설이었던 작가 도스토예프스키의 생의 한가운데 서서 그 질곡과 영광의 순간이 작품에 어떻게 드러나는지를 살펴본다.

### 245 사르트르 참여문학론   eBook

변광배(한국외대 불어과 강사)

사르트르의 『문학이란 무엇인가』에서 전개된 참여문학론을 소개하면서 억압받는 자들을 위한다는 기치를 높이 들었던 참여문학론의 의미를 성찰한다. 참여문학론의 핵심을 이루는 타자를 위한 문학은 자기 구원의 메커니즘에 문제가 생겼을 때 이 문제를 해결하고, 그 메커니즘을 보충하는 이차적이고도 보조적인 문학론이라고 말한다.

### 338 번역이란 무엇인가   eBook

이향(통역사)

번역에 대한 관심이 날로 늘어 가고 있다. 추상적이거나 어렵게 느껴지는 번역 이론서들, 그리고 쉽게 읽히지만 번역의 전체 그림을 바라보기에는 부족하게 느껴지는 후일담들 사이에 다리를 놓는 이 책은 번역의 이론과 실제를 동시에 접하여 번역의 큰 그림을 그리고자 하는 독자들에게 안성맞춤이다.

### 446 갈매나무의 시인, 백석   eBook

이숭원(서울여대 국문과 교수)

남북분단 이후 북에 남았지만, 그를 기리는 많은 이들의 노력으로 백석은 현재 우리나라에서 가장 주목받는 시인 중 한 사람이다. 이 책은 시인을 이해하는 많은 방법 중 '작품'을 통해 다가가기를 선택한 결과물이다. 음식 냄새 가득한 큰집의 정경에서부터 '흰 바람벽'이 오가던 낯선 땅 어느 골방에 이르기까지, 굳이 시인의 이력을 들춰보지 않더라도 그의 발자취가 충분히 또렷하다.

## 053 버지니아 울프 살아남은 여성 예술가의 초상 `eBook`

김희정(서울시립대 강의전담교수)

자신만의 독창적인 글쓰기 방식을 남기고 여성작가로 살아남는 다는 것이 어떤 의미를 갖는지를 보여 준 버지니아 울프와 그녀의 작품세계에 관한 평전. 작가의 생애와 작품이 어우러지는 지점들을 추적하는 방식으로, 모더니즘 기법으로 치장된 울프의 언어 저변에 숨겨진 '여자이기에' 쉽게 동감할 수 있는 메시지들을 해명한다.

## 018 추리소설의 세계

정규웅(전 중앙일보 문화부장)

추리소설의 역사는 오이디푸스 이야기까지 거슬러 올라간다. 저자는 고전적 정통 기법에서부터 탐정의 시대를 지나 현대에 이르기까지 추리소설의 역사와 계보를 많은 사례를 들어 재미있게 설명하고 있다. 추리소설의 'A에서 Z까지', 누구나 그 추리의 세계로 쉽게 빠져들게 하는 책이다.

## 199 디지털 게임 스토리텔링 `eBook`

한혜원(이화여대 디지털미디어학부 교수)

디지털 시대의 새로운 이야기 양식을 소개한 책. 디지털 패러다임의 중심부에 게임이 있다. 이 책은 디지털 게임의 메커니즘을 이야기 진화의 한 단계로서 설명한다. 게임의 역사에 있어서 중요한 패러다임의 변화, 게임이라는 새로운 지평에서 펼쳐지는 새로운 이야기 양식에 대한 분석 등이 흥미롭게 소개된다.

## 326 SF의 법칙

고장원(CJ미디어 콘텐츠개발국 국장)

과학의 시대다. 소설은 물론이거니와 영화, 애니메이션, 만화, 게임 등 온갖 형태의 콘텐츠가 SF 장르에 손대고 있다. 하지만 SF 콘텐츠가 각광을 받고 있는 것에 비해 이 장르에 대한 깊이 있는 이해를 도울 만한 마땅한 가이드북이 존재하지 않는다. 이 책은 이러한 아쉬움을 채워주기 위한 작은 출발점이 될 것이다.

eBook 표시가 되어있는 도서는 전자책으로 구매가 가능합니다.

(주)살림출판사

www.sallimbooks.com

주소. 경기도 파주시 문발동 522-1 | 전화 031-955-1350 | 팩스 031-955-1355